吳忠信日記
（1955）

The Diaries of Wu Chung-hsin, 1955

民國日記｜總序

呂芳上
民國歷史文化學社社長

人是歷史的主體，人性是歷史的內涵。「人事有代謝，往來成古今」（孟浩然），瞭解活生生的「人」，才較能掌握歷史的真相；愈是貼近「人性」的思考，才愈能體會歷史的本質。近代歷史的特色之一是資料閎富而駁雜，由當事人主導、製作而形成的資料，以自傳、回憶錄、口述訪問、函札及日記最為重要，其中日記的完成最即時，描述較能顯現內在的幽微，最受史家重視。

日記本是個人記述每天所見聞、所感思、所作為有選擇的紀錄，雖不必能反映史事整體或各個部分的所有細節，但可以掌握史實發展的一定脈絡。尤其個人日記一方面透露個人單獨親歷之事，補足歷史原貌的闕漏；一方面個人隨時勢變化呈現出不同的心路歷程，對同一史事發為不同的看法和感受，往往會豐富了歷史內容。

中國從宋代以後，開始有更多的讀書人有寫日記的習慣，到近代更是蔚然成風，於是利用日記史料作歷史研究成了近代史學的一大特色。本來不同的史料，各有不同的性質，日記記述形式不一，有的像流水帳，有的生動引人。日記的共同主要特質是自我（self）與私密（privacy），史家是史事的「局外人」，不只注意史實的追尋，更有興趣瞭解歷史如何被體驗和講述，這時對「局內人」所思、所行的掌握和體會，日記便成了十分關鍵的材料。傾聽歷史的聲音，重要的是能聽到「原音」，而非「變音」，日記應屬原音，故價值高。1970年代，在後現代理論影響下，檢驗史料的潛在偏見，成為時尚。論者以為即使親筆日記、函札，亦不必全屬真實。實者，日記記錄可能有偏差，一來自時代政治與社會的制約和氛圍，有清一代文網太密，使讀書人有口難言，或心中自我約束太過。顏李學派李塨死前日記每月後書寫「小心翼翼，俱以終始」八字，心所謂為危，這樣的日記記錄，難暢所欲言，可以想見。二來自人性的弱點，除了「記主」可能自我「美化拔高」之外，主觀、偏私、急功好利、現實等，有意無心的記述或失實、或迴避，例如「胡適日記」於關鍵時刻，不無避實就虛，語焉不詳之處；「閻錫山日記」滿口禮義道德，使用價值略幾近於零，難免令人失望。三來自旁人過度用心的整理、剪裁、甚至「消音」，如「陳誠日記」、「胡宗南日記」，均不免有斧鑿痕跡，不論立意多麼良善，都會是史學研究上難以彌補的損失。史料之於歷史研究，一如「盡信書不如無書」的話語，對證、勘比是個基本功。或謂使用材料多方查證，有如老吏斷獄、法官斷案，取證求其多，追根究柢求其細，庶幾還原案貌，以證據下法理註腳，盡力讓歷史真相水落可石出。是故不同史料對同一史事，記述會有異同，同者互證，異者互勘，於是能逼近史實。而勘比、互證之中，以日記比證日記，或以他人日記，證人物所思所行，亦不失為一良法。

從日記的內容、特質看，研究日記的學者鄒振環，曾將日記概分為記事備忘、工作、學術考據、宗教人生、游歷探險、使行、志感抒情、文藝、戰難、科學、家庭婦女、學生、囚亡、外人在華日記等十四種。事實上，多半的日記是複合型的，柳貽徵說：「國史有日歷，私家有日記，一也。日歷詳一國之事，舉其大而略其細；日記則洪纖必包，無定格，而一身、一家、一地、一國之真史具焉，讀之視日歷有味，且有補於史學。」近代人物如胡適、吳宓、顧頡剛的大部頭日記，大約可被歸為「學人日記」，余英時翻讀《顧頡剛日記》後說，藉日記以窺測顧的內心世界，發現其事業心竟在求知慾上，1930 年代後，顧更接近的是流轉於學、政、商三界的「社會活動家」，在謹厚恂恂君子後邊，還擁有激盪以至浪漫的情感世界。於是活生生多面向的人，因此呈現出來，日記的作用可見。

晚清民國，相對於昔時，是日記留存、出版較多的時期，這可能與識字率提升、媒體、出版事業發達相關。過去日記的面世，撰著人多半是時代舞台上的要角，他們的言行、舉動，動見觀瞻，當然不容小覷。但，相對的芸芸眾生，識字或不識字的「小人物」們，在正史中往往是無名英雄，甚至於是「失蹤者」，他們如何參與近代國家的構建，如何共同締造新社會，不應該被埋沒、被忽略。近代中國中西交會、內外戰事頻仍，傳統走向現代，社會矛盾叢生，如何豐富歷史內涵，需要傾聽社會各階層的「原聲」來補足，更寬闊的歷史視野，需要眾人的紀錄來拓展。開放檔案，公布公家、私人資料，這是近代史學界的迫切期待，也是「民國歷史文化學社」大力倡議出版日記叢書的緣由。

導言

王文隆
南開大學歷史學院副教授

一、吳忠信生平

吳忠信（1884-1959），字禮卿，一字守堅，別號恕庵，安徽合肥人。1900 年八國聯軍攻陷北京，光緒帝與慈禧太后西逃，鑑於國難而前往江寧（南京）進入江南將弁學堂，時年僅十七。1905 年夏天畢業後，奉派前往鎮江辦理徵兵，旋受命為陸軍第九鎮第三十五標第三營管帶，開始行伍生涯。隔年經楊卓林介紹，秘密加入同盟會。1911 年武昌起義，全國響應。林述慶光復鎮江，自立為都督，任吳忠信為軍務部部長，後改委為江浙滬聯軍總司令部總執行法官兼兵站總監。

1912 年元旦，孫中山就任中華民國臨時大總統，奠都南京，吳忠信任首都警察總監。孫中山辭職後，吳忠信轉至上海《民立報》供職，二次革命討袁時復任首都警察總監，失敗後亡命日本，加入孫中山重建的中華革命黨。並於 1915 年，在陳其美（字英士）帶領下，與蔣中正同往上海法國租界參預討袁戎機，奠下與蔣中正的深厚情誼。1917 年，孫中山南下護法組織軍政府，吳忠信奉召前往擔任作戰科參謀，襄助作戰科主任蔣中正，兩人合作關係益臻緊密。爾後，吳忠信陸續擔任粵軍第二軍總指揮、桂林衛戍司令等職。1922 年，吳忠信作為孫中山的全權代表之一員，與段祺瑞、張作霖共商三方合作事宜。同年 4 月前往上海時，因腸胃病發作，辭去軍職，卜居蘇州。爾後數年皆以身體不適為辭，在家休養，與好友羅良鑑（字倍子）等人研究諸子百家。

1926 年 7 月，蔣中正就任國民革命軍總司令，誓師北伐，同年 11 月克復南昌後，邀請吳忠信出任總司令部顧問，其後歷任江蘇省政府委員、淞滬警察廳廳長、建設委員會委員、河北編遣委員會主任委員等職。1929 年，因國家需要建設，前往歐美考察十個月。1931 年 2 月奉派為導淮委員會委員，同月監察院成立，又任監察委員。1932 年 3 月受任為安徽省政府主席，次年 5 月辭職獲准後，轉任軍事委員會南昌行營總參議。1935 年 4 月擔任貴州省政府主席，次年 4 月因胃腸病復發加以兩廣事變，呈請辭職，奉調為蒙藏委員會委員長。自此主掌邊政八年，期間曾親赴西藏主持達賴喇嘛坐床、前往蘭州致祭成吉思汗陵，並視察寧夏、青海及新疆等邊疆各地。1944 年 9 月調任新疆省政府主席兼保安司令，對內以綏撫為主，對外應付蘇聯及三區（伊犁、塔城、阿山）革命問題，1946 年 3 月辭任後，任國民政府委員，並當選第一屆國民大會代表。

1948 年 4 月，蔣中正當選行憲後第一任中華民國總統，敦聘吳忠信為總統府資政，復於該年年底委為總統府秘書長。1949 年 1 月 21 日蔣中正引退後，吳忠信堅辭秘書長職務，僅保留資政一職。上海易手之前，吳忠信舉家遷往台灣，被推為中國國民黨中央非常委員會委員，並任中國銀行董事、中央銀行常務理事。1953 年 7 月起，擔任中央紀律委員會主任委員。1959 年 10 月，吳忠信腹瀉不止，誤以為腸胃痼疾發作，未加重視。不久病情加劇，乃送至榮民總醫院，診療結果為肝硬化，醫藥罔效，於該年 12 月 16 日辭世。

二、《吳忠信日記》的史料價值

吳忠信自 1926 年任國民革命軍總司令部顧問時開始撰寫日記，至1959 年辭世前為止，共有 34 年的日記。其中 1937、1938 年日記存藏於香港，1941 年年底日軍佔領香港時未及攜出而焚毀，因而有兩年闕佚（1942.3.15《吳忠信日記》）。

《吳忠信日記》部分內容，例如《西藏紀遊》、《西藏紀要》以及《吳忠信主新日記》曾先後出版，披露其在 1933 年經英印入藏辦理達賴喇嘛坐床大典以及 1944 年出任新疆省政府主席之過程，其餘日記內容大多未經公開。現在透過民國歷史文化學社的努力，將該批日記現存部分，重新打字、校訂出版，以饗學界。這批日記的出版，足以開拓民國史研究的新視角。

（一）蔣吳情誼

蔣中正與吳忠信的情誼在日記中處處可見。除眾所周知的託其就近關照蔣緯國及姚冶誠一事外，蔣中正派任吳忠信為地方首長的背後，也有藉信賴之人，安頓地方、居間調處的考量。如吳忠信於 1935 年 4 月派為貴州省政府主席，原以江南為實力基礎的南京國民政府，得以將其力量延伸入西南，在當地推展教育與交通等基礎建設，並透過吳忠信居間溝通協調南京與桂系關係，從日記中經常記述與桂系來人談話可見一斑。而薛岳此時以追剿為名，率中央軍進入貴州，在吳忠信與薛岳兩人通力合作之下，加強中央對貴州的掌控，為未來抗戰的後方準備奠立基礎。又如吳忠信於抗戰末期接掌新疆省務，以中央委派之姿取代盛世才為新疆省政府主席，一改「新疆王」盛世才當政時的高壓政策，採取懷柔態度，釋放羈押的漢、維人士，並派員宣撫南疆，圖使新疆親近中央，這都得是在蔣中正對吳忠信的高度信任下，才能主導的。當蔣中正於 1949 年 1 月下野，李宗仁代總統時，吳忠信居間穿梭蔣中正、李宗仁二人之間，由是可見吳忠信在二人心中的特殊地位。直至蔣中正於 1950 年 3 月 1 日「復行視事」，每個布局幾乎都有吳忠信的角色存在。

（二）蒙藏邊政

吳忠信長年擔任蒙藏委員會主任委員，關於邊疆問題的觀點與處置，也是《吳忠信日記》極具參考價值的部分。吳忠信掌理蒙藏委員會，恰於全面抗戰爆發前至抗戰末期，在邊政的處置上，期盼蒙、藏、維等邊疆少數民族能在日敵當前的情況下，親近中央、維持穩定。針對蒙藏，吳忠信各有安排，如將蒙古族珍視的成吉思汗陵墓遷移蘭州，以免日敵利用此一象徵的用心。對於藏政，則透過協助班禪移靈回藏（1937 年）、達賴坐床大典（1940 年 2 月）等重要活動，維護中央權威，避免西藏藉英國支持而逐漸脫離中央掌控。1940 年 5 月於拉薩設置蒙藏委員會駐藏辦事處是最成功的宣示，力採「團結蒙古、安定西藏」的策略，穩定邊陲。吳忠信親身參與、接觸的人面廣泛，對於邊事的觀察與品評，值得讀者深思推敲。

（三）貫穿民國史的觀察

長達 34 年的《吳忠信日記》，貫穿了國民政府自北伐統一、訓政建國、抗日戰爭到國共內戰，以及政府遷台初期的幾個重要階段。透過吳忠信得以貼近觀察各階段的施政重心與處置辦法，以個人史或是生活史的角度，觀察黨政要員在這些動盪之中的處境、心境與動態。更能搭配其他同樣經歷人士的紀錄，相互佐證。

三、日記所見的個人特質

日記撰述，能見記主公私生活，從中探知其性格與思維，就日記的內容來分析，或許能得知吳忠信的個人特質。

（一）愛家重情

吳忠信的愛家與重情，有兩個層面，一是對於家族的關懷，一是對於鄉誼、政誼的看重。家人一直都是他的牽絆與記掛，他與正室王惟仁於 1906 年結婚，卻膝下無子。在惟仁的寬宏下，年四十迎娶側室湘君，1926 年初得長女馴叔，嘗到為人父的喜悅。爾後湘君又生長子申叔，使得吳家有後，但沒過多久，湘君竟因肺炎撒手人寰，年方二十五，使得吳忠信數日皆傷心欲絕，在日記中曾寫道：「自伊去後，時刻難忘。每一念及，不知所從。」（1932.12.31《吳忠信日記》）爾後吳忠信經常前往湘君墳上流連，一解思念之情。湘君故後，吳忠信又迎娶麗君（後改名麗安），生了庸叔、光叔兩子。不過吳忠信與麗安感情不睦，經常爭執，在日記中多次記下此事的煩擾。吳忠信重視子女教育，抗戰勝利後，馴叔赴美求學，嫁給同樣赴美、專攻數量經濟學的林少宮，生下了外孫，讓吳忠信相當高興。1954 年，或因聽聞林少宮將攜家帶眷離美赴大陸，吳忠信並不贊成，不斷去函馴叔勸其留在美國，如果一定要離開，也務必來台。同年 8 月 6 日，吳忠信獲悉馴叔一家已經離開美國，不知所蹤，從此以後，日記鮮少提到這個疼愛的女兒。這一年年末在日記的總結寫道：「最煩神是子女問題，尤其家事真是一言難盡。」表現出心中的苦悶。

吳忠信相當看重安徽同鄉，安徽從政前輩中最敬重的要屬北京政府國務總理段祺瑞，兩人政治立場並不相容，但鄉誼仍重。吳忠信自段祺瑞移居上海後，經常從蘇州前往探望，段祺瑞身故時，也親往弔祭。對於同鄉後進，無論是在政界或是學界，多所關照，願意接見、培養或是推介，因此深為鄉里所敬重。如 1939 年在段祺瑞女婿奚東曙的引介下，會晤出身安徽舒城的孫立人，在當天的日記中寫道：「〔孫立人〕清華大學畢業後，赴美國學陸軍，八一三上海抗日之後，身負重傷，勇敢可佩。此人頭腦清楚，知識豐富，本省後起之秀。」（1939.9.28《吳忠信日記》）頗為欣賞。或許是命運的作弄，當 1955 年爆發郭廷亮匪諜案時，吳忠信恰為九人調查委員會的一員，於公不能不辦，但於私仍同情孫立人的處境，認為他「一生戎馬，功在黨國，得此結果，內心之苦痛，可以想見，我亦不願多言，是非曲直留待歷史批評」。

吳忠信同樣在乎的還有政誼，盡力多方關照共事的同事。如羅良鑑不僅是他生活的良伴，也是與他同任安徽省政府委員的至交，兩人都在蘇州購地造園，經常往來。爾後，吳忠信主政安徽省、貴州省與蒙藏委員會時，羅良鑑都是他的左右手，離任蒙藏委員會時，更推薦羅良鑑繼任。1948 年 12 月 21 日，羅良鑑夫婦自上海前往香港，飛機失事罹難，隔年骨灰歸葬蘇州。吳忠信在蔣、李兩方居間穿梭繁忙之際，特地回到蘇州參加喪禮，深為數十年好友之失而悲痛，可看出吳忠信個人重情、真誠的一面。

（二）做人做事有志氣有宗旨

吳忠信曾經在 1939 年元旦的自勉中，自述「余以為做人做事，必有志氣，有宗旨，然後盡力以赴，始可有成。」另亦述及「自入同盟會、中華革命黨而迄于今，未敢稍渝此旨。至以處人論，則一秉真誠，不事欺飾，對於人我分際之間，亦嘗三致意焉。」這是他向來自持的。就與蔣中正的關係而論，自詡亦掌握此一原則，他在同日又記下：「余與蔣相處，民十五後可分三個階段，由十六年起至十八春出洋止，以革命黨同志精神處之；由十九年遊歐美歸國起至二十一年任安徽省主席以前止，則以朋友方式處之；由安徽主席起以至于今，則以部屬方式處之。比年服務中樞，余于本身職掌外，少所建議，于少數交遊外，少所往還，良以分際既殊，其相處之標準，不可不因之而異也。余在過去十二年來，因持有上述之宗旨與標準，故對國事，如在滬、在平、在皖、在黔及目前之在蒙藏委員會，均能振刷調整，略有建樹，絲毫未之貽誤；對友人如過去之與蔣，雖交誼深厚，然他人則與之誤會叢生，而余仍能保持此種良好關係，感情日有增進，而毫無芥蒂。……即無論國家之情勢若何，當一本過去，對國竭其忠、對友竭其力，如此而已。概括言之：即「救國」、「助友」兩大方針是也。」

由此可知，在吳忠信待人之原則，必先確認兩人之關係，進而以身分為斷，調整相待之禮。他長時間服務公職，練就出一套為公不私的原則，經常在日記中自記用人、薦人之大公無私，此亦為其「救國」、「助友」之顯現，常以「天理、國法、人情」與來者共勉。

四、結語

吳忠信於公歷任軍政要職，於私是家族中的支柱。公私奔忙之餘，園藝之樂，或許才是他的最愛。他常在一手規劃的蘇州庭園裡，親自修剪、坌土，手植的紫藤、楓樹、柳樹、紅梅、白梅等在園中，隨著季節的變化而映放姿彩，園林美景是他內心的慰藉。吳忠信1949 年回蘇州參加羅良鑑夫婦葬禮後，短暫地回到自宅園林，感嘆地寫道：「園中紅梅業已開散，白梅尚在開放，香味怡人。果能時局平定，余能常住此園以養殘年，余願足矣。」（1949.2.21《吳忠信日記》）可惜，這是他最後一次回到蘇州，之後再無重返機會，願與天違。

這份與民國史事有補闕作用的《吳忠信日記》並非全出於其個人手筆，部分內容為下屬或親屬經其口述謄寫而成。1940 年，他就提到：「余自入藏以來，身體時常不適，且事務紛繁，日記不時中斷，故託纕蘅兄代記，國書姪代繕。」（1940.1.23《吳忠信日記》）且在記述中，也有於當日日記之末，囑咐某一段落應增添某公文，或是某電文的文字，或可見其在撰述日記之時，便有日後公諸於世的預想。或許是如此，吳忠信在撰寫日記時，不乏為自己的行動辯白，或是對他人、事件之品評有所保留的情況，此或許是利用此份日記時須加以留意的地方。

編輯凡例

一、本社出版吳忠信日記，起自 1926 年，終至 1959 年，共 34 年。其中 1926 年日記為當年簡記，兼錄 1951 年補述版本；1937 年至 1938 年於太平洋戰爭爆發後，其家人逃離香港時焚毀，僅有補述版本。

二、古字、罕用字、簡字、通同字，在不影響文意下，改以現行字標示。

三、日記中原留空白部分，以□表示；難以辨識字體，以■表示。編註以【】標示。

四、作者於書寫時，人名、地名、譯名多有使用同音異字、近音字，落筆敘事，更可能有魯魚亥豕之失，為存其真，恕不一一標註、修改。但有少數人名不屬此類，為當事人改名者，如麗君改名麗安、曾小魯改名曾少魯等情形，特此說明。

目錄

1955年（民國44年） 72歲

1月1日 星期六

本日為中華民國四十四年元旦暨開國紀念日，天氣陰雨，行旅不便。上午九時到台北賓館，參加本黨新年團拜。由中央評議委員于右任先生主席，領導行禮，並致詞，題為「再造中華民國新生命」。上午十時到總統府大禮堂，參加四十四年元旦開國紀念暨團拜儀式。蔣總統親臨主持，領導行禮，並宣讀告全國軍民書。到同鄉八十三歲老人許靜仁（世英）老先生家，及老同志于右任先生家賀年，其他方面都未去。與陳光甫兄在上海銀行總管處相遇。談談年老人身體為重，須多加休養。又談上海銀行有在台灣營業可能，但深感大陸淪陷，上海銀行班底四散，在台灣找不出可以共事人才，因此對于上海銀行營業不免消極耳。光甫今年七十有五歲。

1月2日 星期日

昨日到我家拜年朋友很多，我于今晨用電話回拜。但有一部份必須我親往者，特約伯雄陪我分別回拜廿餘家，其他人家不克一一前往，只得感謝。

1月3日 星期一

根據中央日報社對于本年世局的看法，以及我的意見，如後各段。

一、希望與憂慮，圍堵俄共陣線可望更形鞏固。

二、美國目標既在圍堵，鞏固防線加強力量，對遠東努力方向是締結東北亞的中、日、韓三國聯盟，防堵俄共侵入太平洋，極為重要。惟締盟上障礙有兩層，其一是日本反共立場不堅定，時有中立傾向；其二是日、韓間的邦交未建立，彼此積怨甚深（中華民國極願促成聯盟）。

三、世界最可慮者，和平共存，軟化人心，媚共蝙蝠，四處橫飛。分別來看，可以列出四項問題。

其一、日本傾向中立，在俄共東方冷戰，主要目標爭取日本共黨及其同路人，在日本滲透極為活躍。日本雖在防衛上、經濟上靠美國，但頗欲首鼠兩端，腳踏兩隻船，向各方送秋波，要好處。

其二、亞、非、歐媚共抬頭，如印度總理尼赫魯等的活躍就是明證。彼等故意與自由世界為難，爭取俄共歡心，現又與南斯夫狄托勾結，東奔西走。而他們目標又集中于拉攏阿拉伯各國，以擴大所謂亞非中立集團。

其三、西歐各國雖已大都拉入北大西洋公約組織之中，但若干國家仍希望中立，對整軍加強防衛力量不感熱心，只希望更多美援提高生活水準，而把防衛西歐寄托于美國力量和蘇俄「和平」意向上。

其四、英美法蘇四國會議，美國不復作原則性的拒絕，法國批准巴黎協定既已完成，則四國會議可能于四、五間在巴黎召開。這一會議可能出賣自由世界的那一部份，但就整個趨向看，這個會議將使和平共存毒計得售。

四、我們自由中國所最擔心是在「和平共存」謬論迷惑世界，使一些反共立場不堅定國家可能被軟化。而在四國會議召開時，共匪進聯合國問題，以及「兩個中國」的謬論被提出討論。其結果如何，對我們將發大不利影響。在這方面更要提高警覺，並時提醒有關國家勿中俄共奸計。倘俄共奸計之得售，決不僅只影響自由中國，實在是自由世界極大損失。

我們必須刻苦奮鬥，決不能有任何苟且偷安的幻想和錯覺。自由中國雖然秩序良好，生活安定，但物價仍是逐漸上長，軍公教人員已至困苦階段。自由中國財政經濟雖有美國援助，還是問題很多，皆因預算不能平衡，尤其是臨時用款無標準。至今後財經艱難與危險，是值得我們深切返省與檢討。時屆新年，特拉雜記之以測將來。敬祝中華民國勝利。

1月4日　星期二

申叔廿七日由紐約來信，決定一月十日飛烏拉圭，聞之甚為歡喜。

1月5日　星期三

上午十時參加第一六四次中央常務會議，蔣總裁主席。聽取中央四十三年工作檢討會議報告，因時間不夠，下次會再繼續報告。

1月6日　星期四

昨、今兩日天氣很寒，很有大陸上初冬情形。且陰雨，濕氣甚重，令人很不舒適。

1月7日　星期五

美總統艾森豪咨文國會，美必須與全球合作，反抗共黨侵略行動，維持有效軍力以遏止共黨決心，擴展國際貿易與投資協助友邦，促請批准中美條約聯合抗共。艾氏這項咨文深具決心，且有意義，使反共陣線更加堅強。到中心診所看許靜老、朱騮先病。

1月8日　星期六

美國空軍部長透露，一架 B-47 式同溫層噴射轟炸機，完成一次歷時近兩日航程二萬一千哩不著陸的航行，在美國軍事上創立一新紀錄。在空中由空中加油機加油。

1月9日　星期日

一、國民大會代會顏澤滋的老母朱太夫人逝世，本日在善導寺設奠誦經，我偕壽賢往弔。

二、請朱仰高先生診斷身體，繼續打針。

三、陳副總統由南部遊覽歸來，今日上午特來訪。暢談台灣應積極造林，可以解決經濟問題。

1月10日　星期一

一、上午十時至中山堂參加本黨一月份聯合紀念週。

蔣總裁親臨主席，並訓勉國民黨同志厲行戰時生活，發揚法治精神，充實反攻準備，加速勝利來臨。所謂戰時生活，簡單言之，就是「新、速、實、簡」的新生活。所謂法治精神，就是「負責盡職，奉公守法」。

二、午後刁抱石介紹陳丹誠先生來見。丹誠係山東人，現在建國中學任圖畫教員。觀其作品氣勢雄厚，前途大有可為。

三、劉抱誠談基隆漁管處改公司現在情形。余表示如總統要我幹這件事，我有兩個先覺條件：一、我是外行，必須請你內行人任總經理；二、流動基金必須銀行界幫忙。

1月11日　星期二

一、兩天來很冷，今晨一時氣溫攝氏七點四度，至今晨八時達七點八度。陽明山昨日微飛雪花。

二、偕楊愷齡兄回拜楊漢西老先生（七十八歲）。

三、蔣老太太內姪姚明良由台中第一銀行分行調台北總行，明良仍擬在台中，請老太太託我向黃董事長朝琴說項。黃答四個月後再調台中。余于午後赴蔣宅回報蔣老太太。

1月12日　星期三

一、上午十時參加中央常務會議，蔣總裁主席。討論戰時生活，尚未作決定，但認為台灣土地開墾造林計劃，與夫處理台北難民，必須積極推行。

二、周副秘書長宏濤由歐州視察黨務歸來。他在巴黎與申叔往來時間很多，據云申叔性質甚好，身體亦還過得去。他對申叔有下列主張：1. 不管到什麼地方，必須入學校，得到大學畢資格，否則將來回國做事成問題；2. 用錢要節減；3. 白天睡眠，晚間作畫，與身體與學業都受影響。就宏濤所言均係金石之言，申叔應一一接受，我甚感激宏濤善意。

三、丁鼎丞先生本日安葬碧潭文山，我于午後一時卅分到極樂殯儀館參加公祭，祭後隨即發引。

1月13日　星期四

光甫兄約我到新北投寓所午餐，談上海銀行將來業務前途以及美國存款解凍諸問題。其結論業務前途看時機，解凍問題要先使政府財經當局明瞭當前辦理情形。

1月14日　星期五

一、中午十時劉文騰兄（係劉遺燕之姪）約光甫兄午餐，約余作陪，並有寄嶠、鑄秋、耿民、崇年、元仁、維經等在座。

二、午後七時台灣名人林柏壽招待我與光甫兄晚餐，有張滋愷、陳長桐、刁培然、吳幼林、金克和、江元仁、沈維經等在座。他們都是財經方面人才，只有我幹的不事生產的黨政。但我在十數年前向經濟方面轉變，時間已來不及，實有望塵莫及之勢。

三、台灣省黨部本晚七時卅分假中山堂舉行新年同樂晚會，演平劇。我偕麗安前往參觀。

1月15日　星期六

【無記載】

1月16日　星期日

昨日下午五時卅分，至賈景德（煜如）先生公館出席小組會議。因本小組原來人數不多，加以吳鐵成、陳濟棠兩位同志先後去世，人數更少，故中央將閻錫山（百川）同志加入本小組。閻氏今日首次出席。本日所討論者，係總裁近日指示「戰時生活」，大家都認為節約是應該的，但極大多數公教人員生活已日在困難之中，對于一般富貴豪華者，應極積推行節約。交通銀行董事長趙志垚兄過談，他談現在外匯辦法調整與否，或採拖的態度都過不去。總而言之，外匯困難到如此地步，皆因未能慎之餘始，數年來管財經的負責者養癰所以遺今之禍也。我們在台灣財經如此，則反攻大陸財經又將如何，言之令人痛心。

1月17日　星期一

上午九時中央委員會在實踐堂舉行紀念週，由我任主席。馬超俊同志報告，講題為「革命黨與義利之分」。

1月18日　星期二

安徽同鄉、八十三歲老人許靜仁先生（世英）左腿生骨節炎症，已至嚴重階段。據醫生云施用大手術，生命可有百分之五十期望，否則生命危險在旬日間耳。因此靜老本「病問醫生，生命問天」的精神，隨下決心，乃于昨午將左腿從蓋骨上段鋸斷，經過情形良好。我偕洪蘭友兄今晨到中心診所慰問，適靜老正在睡眠。據護士云稍有熱度（卅七度七），當此世界醫藥進步之際，當可得良好結果。惟靜老子女都不在台灣，為可惜耳。

1月19日　星期三

一、上午十時參加中央常務會議第一百六十八次會議，係由秘書處宣讀四十三年度各單位工作檢討結果。初稿內有關紀律委員會者，並由我作口頭補充報告紀律處分範圍問題如下：黨章第七十一條規定犯圍只有七項，黨員違反黨紀處分規程是依這一條文而訂定。近來省級或縣級黨部有認為處分範圍太狹，不夠適用，應要求中央擴大處分範圍，例如偽造文書、言行荒謬及工作不力等等，均超出規定範圍，無明文規定。紀律委員會認為限于黨章規定，目前無法于黨章之外再有所規定。這個問題是否留待下一屆全國代表大會修訂黨章時再予考慮，請黨務委員會核示。

二、申叔一月七日由紐約致彥龍、伯雄函，大意：「昨夜自華盛頓返紐約。至在美停留護照問題，已有美籍律師代為辦妥，律師並擬于星期一（十號）

親自送上飛機。近年來世界上飛機時常出事，為慎重計，已改定特總統號空中霸王直飛烏拉圭首都，約二十七小時可以到達孟都，途中將在巴西首都加油」。就此推測，申叔一定于一月十日飛孟都是無疑問題，即待申叔由孟都來信，以免我與惟仁老太太掛念。

三、陸心亘（福廷）晚間過訪，暢談郭寄嶠家務。他認為郭夫夫婦二人不易破鏡重圓，但心亘之熱心令人可佩。

1月20日　星期四

上午到北投訪光甫兄，即在伊處午飯。談上海銀行在美存款解凍事，以及該行業務與夫人事諸問題，深感人才缺乏，更感覺自己年高（過春節後七十五歲），不能再耐繁事。

記共匪大舉進犯一江山新聞一則

我島上守軍英勇奮戰（已三天），我為懲罰共匪禍行，我空軍浙閩粵沿海廈門山頭等處，猛烈攻擊匪艦，炸沉匪船很多。此一戰役影響國際觀感十分重大。新聞黏後。

中央社訊

一江山之戰，迄二十日下午五時已達五十六小時，重要陣地仍屹然未動，我駐守島上七百二十名游擊戰士與來犯之匪機二百十餘架，船艦一百三十餘艘，陸戰隊及陸軍五千五百人與其源源不斷之援軍浴血奮戰，其英勇戰鬥，已遠較韓戰中著名傷心嶺、鐵三角之戰為偉大。

國防部軍事發言人空軍上校熊恩德於二十日下午五時三十分發佈截至二十日下午五時一江山戰鬥綜合戰報稱：

共匪陸海空軍大舉聯合進犯一江山，我游擊健兒在眾寡懸殊之下，浴血奮戰，已歷五十六小時，重要陣地，屹然未動，匪軍源源增援，死傷狼藉，已有一千五百人左右被殲，我守軍砲兵並擊沉匪巡邏艦兩艘，另擊落其拉克十一型飛機兩架。

十八日共匪以其歷來所未有（包括韓戰在內）之兩棲作戰，對我面積一點二平方公里、距大陳北七點三浬之一江山進犯。島上為我游擊部隊七百二十人駐守，共匪出動米格十一、拉克十一、IL 十、杜二各型戰鬥機轟炸機共二百十餘架，軍艦包括驅逐艦、砲艦、巡邏艦及砲艇三十艘，登陸艇機帆船百餘艘，陸戰隊及陸軍五千五百人，現尚源源增援中。

自十八日晨至午，匪機即由上海、杭州、衢縣、寧波各地起飛轟炸該島，投五百磅炸彈五百餘枚，依面積與彈數之比例，平均每二點四平方公尺落彈一枚，並行低空掃射。同時匪艦隊亦自舟山、石浦、三門灣、海門分駛至一江山周圍五千至一萬碼距離，配合其在頭門、田岙兩島之岸砲，向一江砲擊。全日發射超過兩萬發，砲彈口徑自七五至一五二釐及四吋五吋一海軍砲，依面積與彈數之比例，平均每一平方公尺落彈十七發，較之昔年韓戰傷心嶺、鐵三角之砲戰比較，不相上下；但我一江島上英勇守軍砲兵，並未被共匪威脅，仍向匪艦艇還擊，並擊中匪巡邏艇二艘，其一艘當即起火燃燒沉沒于一江西三千公尺，另艘被拖返海門。同時我高射火器亦擊落匪拉克十一機兩架，在一江東北三浬處墜海，並擊傷至少拉克十一機三架。至十八日下午二時二十五分，共匪船團裝載第一波步兵及陸戰隊約三千人，在砲火掩護下，分由海門、頭門發航，接近一江島北岸強行登陸。我第一線守軍誓死抵抗，終以眾寡懸殊，迫不得已逐次退守各重要據點工事內，繼續抵抗。當時估計匪至少已有六、七百人傷亡水際及灘頭，後匪第二波約一千人，繼由西岸登陸增援，匪岸砲、艦砲亦續向我據點猛烈射擊。匪陸軍更以人海戰術數度猛攻，但均遭我守軍擊退，傷亡枕藉，攻勢頓挫。該夜戰況轉趨沉寂，僅有零星戰鬥。十九日黎明，匪復以大型登陸艇 LSM 二艘載匪一千人，由北岸登陸，繼續增援，再度向我各據點猛攻，更番衝殺，其在頭門之岸砲與水上匪艦砲亦助長兇焰向我猛擊，共射擊一千八百餘發，但我守軍仍能浴血奮戰，使匪之攻勢再行挫敗。二十日晨拂曉起，頭門匪岸砲復向我陣地砲擊三百餘發，掩護其援軍五百餘人在登陸艇（L.C.I.）三艘載運下，續在一江北灘登陸增援，向我陣地作第三度之總攻。截止發稿時（二十日下午五時）止，我守軍仍固守各重要據點，屹然未動。估計在三日來，匪傷亡已達千五百人左右，我守軍傷亡亦重，目前處境雖萬分困難，但守軍均戰志堅強，誓與陣地共存亡，與匪作殊死戰，此種高度戰鬥意志與堅苦卓絕精神，實為反抗共產侵略最英勇之表現。

中央社訊

國防部軍事發言人於廿日上午九時發表公報稱：頭門匪砲二十日晨續向我一江山猛烈射擊，截至上午九時止，我英勇游擊健兒仍在堅守陣地，奮勇浴血苦戰中。匪軍雖在其大批機艦及岸砲支援下以噴火器對我島上守軍展開猛烈攻擊，但我游擊健兒，均能沉著固守，予頑匪以迎頭痛擊，故島上重要陣地，仍在守軍掌握中。

中央社訊

軍事發言人廿日上午十時三十分發表二十日第二次戰報稱：頭門匪砲迄二十日上午十時三十分，仍繼續向一江山猛烈射擊，島上戰事仍在繼續進行中。

中央社訊

國防部軍事發言人於廿日中午十二時發表戰報如下：頭門匪砲自今晨八時十分起至十時二十分，復三度狂烈砲擊一江山，共射擊三百餘發，共匪軍艦二艘掩護登陸艇三艘，於十一時在一江山以北灘頭登陸增援，經我守重猛烈射擊，匪軍傷亡極重。截至十一時三十分，我一江山守軍仍固守島上諸重要據點。

1月21日　星期五

一、下午三時主持紀律委員會第卅次會議。

二、本日收到申叔一月十日從紐約飛烏拉圭空中發來明信片說：「現在正在空中，即將在加拉加斯（委內瑞拉首都）加油，繼續南飛。今日天氣頗佳。」閱後愉快。

1月22日　星期六

一江山七百廿位英勇游擊健兒，由王司令生明率領，于浴血奮戰六十一小時又十二分，全部壯烈成仁，殲匪達二千，激烈戰鬥已告一段落。國軍保衛疆土，尺寸亦所必爭，其成仁取義精神，與日月同光，永垂青史，並已贏得中外人士崇敬。此次敵人動用海、陸、空三軍（陸軍五千五百人），殊屬眾寡懸殊。我空軍基地遠在台北，這是失敗根本原因。

1月23日　星期日

一、今日農曆大除夕，最使人不歡是一江山淪陷。

二、最使我歡喜者是申叔已赴烏拉圭。

三、與惟仁老太太到蔣、居兩老太太家辭年，因明日農曆元旦客多。

1月24日　星期一　乙未年元旦

今日陽光普照，大地回春，氣候溫和，如同長江仲春。昨天除夕，市面充滿熱鬧氣氛，新年砲聲一夜到天明，而拜年風氣較往年更甚。雖然如此，而內心愁悶亦較往年為甚。蓋由大陸來台已度過六個農曆年，均感返回大陸無期，生活日漸艱窘，奈何。

1月25日　星期二

一、俗例難免，至我家拜年親友不下二百餘人，我于昨、今兩日分別酌予回拜，約八十餘家。雖天氣溫和，而我已疲倦不堪，不但勞命傷財，我的身體已大大吃虧。

二、今年農曆新年，最使人不愉快是一江山淪陷，國際間對我不免輕視。正當此時，物價飛漲，充分表現財經無能。

三、今年新年最使我滿意者，係申叔已赴烏拉圭。以他的身體及生活，均無資格留居巴黎、紐約等大都市。烏拉圭適合申叔生活環境，何況有李石老照料乎。

1月26日　星期三

一、上午十時參加中央委員會第一六九次會議，蔣總裁主席。討論大陳軍隊撤退，查大陳島、一江山一帶，制空權早為共匪所控制，我空軍基地遠在台北，不能與我海、陸軍配合作戰。匪機從沿海各基地起飛，數分鐘即臨大陳島一帶上空，因此我方運輸時為敵機所阻擾。我海軍亦因敵空軍威脅，不能在大陳海面巡邏，所以一江山將士經慘烈犧牲終至淪陷，大陳亦難確保。美國人認為大陳不能防守，亦不願幫助我防守，並說就是調集台北全部海、空軍，亦無防守把握。主張迅速撤退大陳軍隊，美可能協防金門、馬祖等地。經三小時之討論，發言委員很多，都是有見識的高論。總裁詢我意見，答曰：「大陳撤退要快。大陳撤退是戰略的撤退，大陳撤退能得美方協防金門、馬祖，認為是我們討便易的事。」又曰：「現在台灣經濟因過年物價飛漲，聞政府已在研究對策，期望過年後物價下落，台灣當前是經濟問題云云。」復由總裁指示，經常會決議，大陳部隊撤，俟美國宣佈稱協防金門、馬祖，我再宣佈大陳撤退。

二、本日（廿六）常會並研究聯合國安全理事會，將商討紐西蘭擬不久提出一項議案，呼籲中華民國及朱毛匪幫接受聯合國安排一項台灣海峽停火。常會討論很久，表示反對，仍一面研究對策。

三、美國對台灣最近動態

甲、美總統艾森豪坦白警告，中共如真想侵犯台灣，美國即準備作戰防守台灣即若干島嶼（可能就是金門及馬祖）。

乙、美總統要求國會准許使用美國艦隻及飛機，撤退大陳及其他島嶼中華民國軍隊。此種行動最易引起中共戰鬥機及岸上砲兵作戰的危險，並要求國會用美國部隊保護台、澎及有關地點。

丙、美國兩黨領袖均強調協防台灣重要性，認為稽延通過授權案，即將產生更大危險。

丁、美國為應付目前緊急局勢，美艦隻十餘艘（內航空母艦四艘，另一艘最大航艦四萬五千噸中途島號，正向台灣急駛中）巡邏海峽。

戊、美國第十八航空隊，分自馬尼拉及琉球兩地移駐台灣，首批軍刀機昨已飛到。

1月27日　星期四

一、美國眾院通過艾總統保護台灣請求。美國眾議院經不到三小時一般辯後，以四百〇九票對三票通過一項議案，授權艾森豪總統使用美國武裝部隊保護台灣、澎湖，以及有關地點及區域的安全。三位議員（一民主黨、二共和黨）反對此項議案，眾議員二十四人缺席，創美國會與總統迅速合作紀錄。

二、參議院外交委員會及武裝部隊委員會聯席會議，表決結果廿七票對二票，一致通過艾森豪總統必要時即行作戰，以協防台灣，應付中共侵略的建議。至參議院大會正式辯論，當不致另生枝節，似可一致通過。

三、美國輿論支持艾森豪立場，對匪堅定警告甚為明智。

四、美國在很短時間調集強大海、空軍協防台灣，幫助我撤退三萬多軍民，充分表現美國力量雄厚、科學組織，調軍迅速確實。共匪受此威脅，當然不敢輕舉妄動，台灣亦可苟安。我們應感謝美國人幫助，更應感覺受人保護是最大恥辱，同胞們從速覺悟，從速自立更生罷。

1月28日　星期五

申叔來信已抵烏拉圭，這封信是在空中寫的，一到烏京即發出。我于一月廿七日先行簡復一函親筆，大意如後。

申兒覽：

一月廿一日收閱一月十日由委內瑞拉空中寄來明信片，一月廿六日收閱一月十一日由烏拉圭來信，非常快慰。父與汝母均極康健，望兒一切以身體為重，一切事業從頭做起，從根本做起。李老伯才識過人，望多多與之接近。陳老伯現在與父隨時見面，上海銀行總管理處已遷移台北，父為該行董事，關于該行前途，與陳老不時交換意見。該行信用與資金非一般銀行可以比擬者，前途實大有可為者也。

父字　一月廿七日下午

1月29日　星期六

美國眾議院既已通過授權總統案，而參議院亦于昨日以八十五票對三票通過此案，從此美國以武裝部隊協防台、澎及有關地點（包括我軍駐守金門、馬祖等島嶼）。艾森豪總統昨日正式簽署此案，並發表宣言，美國決協助勇敢盟國，保護世界安全地區。此次美兩院以極大多數迅速通過授權案，是美國一致團結偉大表現，更表明美國堅定亞洲政策的主要勝利，肅清世界對美國亞洲政策的懷疑。台灣現在雖可苟安一時，但終久要發生戰事，尤以立體戰空襲在所難免。我家無絲毫防空準備，亦無此力量準備，故于本日（廿九）

午後二時偕彥龍夫婦及其三位男女公子新春市外遊覽。特到新店鎮，看青海同人新建房屋及空餘地皮。彥龍在該處有地皮五十坪，一年前一坪台幣貳拾元，現在已至八十元一坪了。

1月30日　星期日

下午七時半，教育部長張其昀兄在其寓所招待駐日大使董顯光與陳光甫兄晚餐，約我與周宏濤夫婦、邵毓麟夫婦等作陪，並有俞樵峯、李熙謀等在座。至十時方散。

1月31日　星期一

一、美國太平洋艦隊總司令史敦普上將昨日來台。史氏向記者稱：「美軍如遭攻擊，將採自衛行動。認為金門、馬祖防務重要。」美主管遠東事務助理國務卿勞勃森今日稱：「匪如悍然犯台，將啟嚴重戰爭危機。艾森豪獲國會支持，可隨時行動，美國立場決不因匪恫嚇而退讓。」

二、上午十時參加革命實踐研究院紀念週。

2月1日 星期二

安全會將台灣停火案列入議程

安全理事會對紐西蘭提議之台灣海峽停戰案進行表決，以九票對一票列入議程，俄國投票反對，中華民國棄權。安理會並決定邀請中共匪幫派代表參加討論。聯合國秘書長哈馬紹竟于會後一小時電知周恩來，預料北平將接受邀請，這是聯合國錯誤。

台海峽停火我們絕對反對，共匪與蘇俄不但反對，而且竟要求美軍撤退海峽。

聯合國建議停火，以及英、美邀請北平政權談判停火，無論在軍事上及道義皆屬大錯特錯。當安全理事會通過請共匪派代表參加討論停火，蘇俄棄權，我代表投票反對。

2月2日 星期三

上午十時參加中央常務會議，決定三月一日至三日舉行本黨第七屆中央委員會第五次會議。我撤大陳命令尚未頒發，因為美國只說以武裝部隊協防台、澎以及有關地點及區域，我方要求美國明白公佈協防金門、馬祖。就戰略而論，有金門、馬祖，則整個海峽屬我，否則為敵我共有矣。

2月3日至12日 星期四至六

從昨日（二）起又生病，因此至十二日未寫日記。茲將此旬日間較重要幾件事，如「生病經過情形、大陳島駐軍撤退情形、蘇俄總理馬倫可夫垮台情形」。

甲、我生病經過

本月二日午後在和平東路寓所接見賓客，身體有點畏寒，迨晚飯過後，寒更甚。是晚宿和平東路寓所，夜間更不舒適，且稍稍發抖。晨六時身溫卅七度八（我平時體溫只有卅六三、四），遂即請朱仰高醫師來寓診治。據朱醫云係膀胱發炎，乃至發寒發抖，比即開方，並囑靜養。是日下午二時，由麗安、庸叔伴我乘汽車回信義路靜養。至三時體溫至卅九度四，仍上昇，乃全身大大發抖，竟至暈覺不知人事，約二小時。家人十分恐慌，立即請朱醫診治，病勢漸漸和緩。當時有主張進醫院者，朱醫認為如再移動，恐身體來不及，主張稍緩，並決定請護士來家通夜看護（夜班一百四十元）。至三日晨熱度漸退。此種病態，我過去五十年來所未有，以七二老人大波動，身體大大吃虧，精神大為不振。據朱醫云此次係熱度高、膀胱炎、血壓下降，高的八十，低的五十，所以發暈。朱之處方首在維護心臟，其次清熱及膀胱炎（我少年即時有膀胱炎，但不發熱）。朱醫深知我的體氣，所以藥到病除，尤其朱醫主張緩搬醫院，非常正確，假定搬動，恐另生枝節了。臥床靜養，至八日方起床。在病中承光甫、維經、蘭友、壽賢、吉玉、崇年、抱誠諸親友慰問，甚為感激。

乙、我大陳島駐軍撤退

六日我政府聲明，為決定重行部署外島軍事，將大陳島嶼駐軍轉移使用金門、馬祖等重要島嶼。關于將大陳島嶼駐軍使用一節，曾與美國政府舉行會商。美國政府經向中華民國政府申明，凡認為對于確保台灣、澎湖有關各地區與領土，美國決定與中華民國共同防衛。美國並決定對我大陳區兵力之轉移與佈署，予我以協助與掩護云云。同時美國國務院亦發表類似我國正式聲明，協防台灣與有關地區與領土云云。美國總統下令第七艦隊掩護國軍調防，按第七艦隊以六艘航空母艦為主幹（內有四萬五千噸最大航空母艦中途島號），擁有實力強大各種戰艦七十艘及無數小型登陸艇協助，總共美國調動船艦一百三十二艘、美軍人員三萬四千人，擔任在台灣海峽上空掩護並協助大陳軍民撤退者。另中國船艦二十七艘。此次計撤退正規軍一萬人、遊擊隊四千人、平民一萬七千人，大約撤退四萬噸軍事配備及軍事補給品。照預定七天完成，提早一天圓滿撤退完成。大陳軍官說一切軍事設備，包括營房、堡壘均已付之一炬，千百火頭散佈全島，爆炸聲震耳欲聾，二十英寸的碉堡加倍火藥，炸得粉碎向天飛，是則大陳已變成焦土荒島了。美空軍在大陳上空掩護撤退，一美機遭匪擊中，迫降大陳以西，機上人員經我艇救起，另一巡邏機被擊三個小洞。美國科學進步，各種事業隨之發展，此次迅速集中大軍，可為明證。吾人一切落後，要覺悟、覺悟。

丙、蘇俄總理馬倫可夫垮台（軍方、黨方爭權）

馬倫可夫自己以缺乏經驗，以使蘇俄經濟落後，引咎辭職。以布加寧繼馬倫可夫任蘇俄總理，係由牽線人聯共總書記赫魯雪夫提名者，改任馬倫可夫為副總理兼電力部長，朱可夫繼布加寧為國防部長。這是史達林死後，蘇俄最有意義的大事。馬倫可夫政策主張發展改良人民生活輕工業，相反的軍備落後，對外交主張和平共存，相反的使民主國家加強團結，因此外交越弄越僵，所以引咎辭職。布加寧原來是軍中政治警察，過去係史達林與軍中聯絡人。朱可夫在第二次大戰聯軍東路統帥（西路艾森豪，朱、艾十分友好），朱可夫對紅軍與盟軍力量在擊潰德國上的事實曉暢無遺，對于盟國實力有認識。朱可夫因聲望太大，以致被史達林打入冷宮四年有餘，如今又氣焰不滅，重登舞台。蘇俄比任何時期正邁向軍事獨裁前進，以軍管政，而又集體領導，最後大流血是無疑問的。布加寧已宣布發展重工業，加強軍備。一面威脅西方，阻撓西德武裝，一面擴大澈底支持中共意見，緊敲戰鼓以作向民主國家索詐。

2月13日　星期日

一、今日係病後第一次出門。先到和平東路，再到朱仰高醫師診所，適朱外出未遇。

二、澳洲內政部休士六日訪華。這是我政府遷來台灣後，不列顛聯合國內各國政府首長訪問自由中國之第一人。今日休士公畢返國。這位首長多年前曾為日本戰俘，拘留台灣，而今以自由之身和位列閣員之尊來中國訪問，受到我國熱烈歡迎。在他為戰俘時，亦夢想不到有今日之光榮也。

2月14日　星期一

蔣老太太及錢慕尹兄夫婦到信義路寓所看我的病，蔣老太並送食物，甚感謝。

2月15日　星期二

一、上午到朱仰高醫師診所請朱調養身體，因病後尚未復原，頗覺身體軟弱。據朱云營養不足，病在腸胃，消化不良，立即開始打補針（計三種）。

二、今日農曆正月廿三日，係申叔滿廿三歲生日。據楊家駱云石老來信，申叔早到烏拉圭矣。今日和平東路寓所特約世祉、襄叔、和純、庸叔、光叔等吃麵，為申叔壽。

2月16日　星期三

【無記載】

2月17日　星期四

一、自病後，前、昨兩日起床時，精神頗為不振。當日（十五日）晨體溫卅六度，脈六十跳，用朱醫針劑。今晨起床後精神大好，乃病後未有之現象也。

二、上午十時屏東警察局長李道和兄來問候我的起居。

2月18日　星期五

一、共匪叫囂以全力佔領台灣，蘇俄宣佈支持共匪。而共匪尾巴印度總理尼赫魯等則主張台灣海峽停火，中華民國放棄大陸沿海島嶼，並請朱毛匪幫列席安全理事會談此案（已為共匪拒絕），甚至主張分為兩個中國，殊屬荒謬之至。美國對協防台灣有很明白、很堅決表示，但對協防外圍島嶼的金門、馬祖態度很欠明朗。我們處此環境，當然困難重重，我們不能單獨反攻大陸，全靠美國幫忙。尤其台灣物價上漲，經濟日漸恐慌，就我推測，在反攻大陸之先，可能遇到一個黑暗時間。

二、病後，今日上午首次到黨部辦公。

三、李崇年主張應用新人才，如胡適等，方可打現開內外形勢。

2月19日　星期六

一、我海空軍聯合在台山島以北大捷。十八日晨，我海軍在台山島擊沉匪砲艇五艘、運兵登陸艇八艘。按台山列島位于福建北海，在南麂島西南卅二海里，距馬祖島東北六十三海里，西北距南關島十五海里，接近福建、大陸，原有匪軍進駐。蓋自我一江山將士壯烈成仁，大陳繼續撤退，匪氣焰萬丈，不可一世，這次是予匪嚴重教育與打擊。匪增兵台山，圖孤立南麂，使其三面受敵。匪欲在閩海蠢動，故擬在三都澳增闢軍港，而台山列島正可成為該港屏障。

二、張副主任壽賢擬明日飛西貢，接洽越、僚、棉三國，本年在台北舉行亞洲人民反共會議，該三國出席代表問題。今晨特與洪、張兩副主任談紀律委員會會務。認為最近有人說紀律會太寬大，殊不知紀律會職守係「紀律審議，財務稽核」，尤其處理紀律案件，均照黨章規訂辦理者。

2月20日　星期日

昨日太陽溫和，寒暑表七十二度。今日忽轉寒冷，寒暑表降至五十六度，于我身體很不相宜。

2月21日　星期一

一、昨夜更冷，寒暑表降至四十五度，為台北入春以來最冷之一日。兩日間寒暑表下降相差將三十度。

二、今日上午與黨部張秘書談時局，及一般政治與國際形勢，認為台灣經濟嚴重。

三、日前我向麗安說，古人云：「自己兒子最好交別人管，或者交別人不必管，亦可成人。如由自己管，也有管好的，大多管不好，或者愈管愈糟。」

四、據錢穆先生說，明代亡國之後，當時有兩個史學家討論明代政治制度。一個是黃梨洲先生，注意明代廢宰相一事，他認為只有再立宰相來做政府領袖，不要以皇帝親攬大權。另一位是顧亭林先生，曾說天下太平，則小官多，天下之亂，則必然是大官多，而小官少。他的著眼點恰如黃梨洲，一上一下，各有不同。黃先生注意在上面，顧先生注意在下面。但以我們全部中國政治史來看，他們兩位所說，同樣是顛扑不破歷史教訓。

2月22日　星期二

美國本年度核子武器試驗舉行第二次爆炸，二百七十哩外可見橘紅色閃光，原子雲昇至兩萬尺高空，爆炸力量約等于二萬噸黃色火藥。

2月23日　星期三

上午十時參加中央第一七四次會議，蔣總裁主席。首先由張秘書長報告三月一日本黨第七屆中央委員會第五次全體會議日程表，一共三日。次討論「本黨四十四年度工作目標案」及「戰時生活案」。午十二時散。

2月24日　星期四

一、中午十二時卅分，蔣總裁在總統府招待全體評議委員、中央執行委員午餐。席間由張秘書長厲生報告三月一日召開五中全會籌備情形。繼由新近返國葉外交部長公超報告此次在華盛頓簽訂中美共同防禦條約，以及訪問西班牙情形。總裁以葉氏此次收獲甚大，特加慰勞。

二、午後三時主持紀律委員會第三十一次會議，討論有關解識紀律案數件，及其他例案。余任紀律會主任以來，處理黨紀案件都照黨章規定辦理者。近來有人批評太嚴或太寬者（批評太寬多），皆是同志間觀念不同，偏于私情者。我認為黨的結合係在主義、感情、精神諸方者，非法院可比也。我祇有一秉大公，行其心之所安而已。

三、台北市橫跨中山北路平交道的復興橋，於今天正式通車。該橋建築時間一百七十九天，用去台幣四百〇五萬元，這個橋可以載重二十噸車通過。此橋落成，于中山北路交通便利多了，但市內平交道很多。更就一般市內建設以及財政困難之際，似無必要此等大橋也。何不在淡水河多架橋樑，以備空襲時，使人民便于疏散也。

2月25日　星期五

軍方宣稱為縮短防線，增強台澎及金門、馬祖等地之兵力部署，政府已次第將大陳防區內之南麂島上之軍民撤運來台，已于廿五日中午全部完成云云。如此馬祖更受威脅，而軍事當局曾宣稱決不撤退南麂島，將何以自然其說乎。

2月26日　星期六

一、陳伯蘭先生建墓業已告成，本日上午十時舉行安碑禮。余于上午九時至北投墓地敬禮。陳氏生前、死後一切圓滿，兒孫滿堂，足見陳氏做人有道之福報也。

二、許靜仁老先生前因骨節炎鋸去左腿，現已完全出院。惟醫費很大，無從籌錯，特借其太太五十生日，在中山堂請客。意在籌款，頗招物議。余于上午親至許宅，並請伯雄代表參加中山堂壽會。

這亦是安慰同鄉老人不可少之道也。

2月27日　星期日

最近一星期天氣晴朗，日光溫暖。今日氣溫在七十五度（華氏），乃台北春冬以來少有的天候，與我病後身體大有裨益。

2月28日　星期一

一、上午九時到實踐堂參加紀念週，葉外交部長報告中美防禦條約收獲：

（1）我們在亞洲無友國，中美訂約後可以不孤立了。

（2）我們已與美國西太平外圍防線聯合一起。

（3）恢復美國發表白皮書前自由中國之地位。

葉又強調辦外交憑國力，台灣治安與軍事、經濟進步，外人很重視的。

二、下午四時出席中央銀行理監事聯席會議。

3月1日至3日　星期二至四

我于三月一日參加本黨第七屆中央委員會第五次全體會議。我因病後身體尚未復原，參加此次歷時三日會議，深感疲勞。蔣總裁主持閉幕典禮時，其訓話中有今、明兩年是我們最困難的年，並強調以中美防禦條約為外交基礎，對于金門、馬祖兩島，不管美國如何，不管國際如何壓迫，我們決定堅守。對于兩個中國謬說，我們絕對反對，我們絕對不與共匪在一處開會。對于反共抗俄，我們與美國一致。此次會議政治之決議要點，多關于經濟建設、貿易外匯、財政金融者，也是當前最需者也。茲將大會經過情形新聞黏于後。

中央社訊

中國國民黨第七屆中央委員會第五次全體會議，自三月一日開幕，歷時三天，已於三日圓滿閉幕。

這次大會主要的議題，為檢討當前國內外局勢及各項政治措施，並分別作成政策性的決議。在大會期間，蔣總裁曾親自出席大會開幕及閉幕典禮，並致訓詞。在開幕式中，總裁勉勵全黨同志，要有蓬勃的革命精神，克服一切的困難，並應創造新風氣，厲行戰時生活，為社會民眾服務，完成黨所賦予的責任。

在三天的大會中，曾聽取各項重要工作報告，出席及列席同志，對國內外問題並曾作詳盡而熱烈的檢討。

大會於三日上午十一時二十分於改選中央常務委員之後，舉行閉幕典禮。總裁曾出席主席，並闡述當前國內外局勢，期勉全黨同志為適應革命形勢，埋頭苦幹，加強黨政軍的合作，發揚主義，首當以發展教育與充實經濟為基本要素。並須厲行戰時生活，推行精神動員，革除苟安的心理，實事求是，精益求精，養成民主的風度和法治的精神，自動自發，擔負起反攻復國的任務。

中美防禦條約互換批准書

中美防禦條約互換批准書典禮，于三月三日中午十二時廿分，在台北市中山堂堡壘廳隆重熱烈舉行。由我國外交部長葉公超與美國國務卿杜勒斯，代表中美兩國在議定書上簽字，並互換批准文件後，中美共同防禦條約即開始生效。儀式至十二時四十五分完成。葉外長致詞，中美精誠團結，决心採取必要行動。杜國務卿致詞，在互信與共同協力下，必可保持自由于不墜。

杜勒斯係于上午十一時廿分由馬尼拉飛抵松山機場者。美國太平洋艦隊總司令史敦普上將，先杜勒斯于十時廿分飛抵台北。美國海軍軍令部長卡尼上將，于十一時飛抵台北。美國第七艦隊司令蒲賴德將軍，則于昨日抵台北。美國如許高級文武集結台北，尚屬罕有。

蔣總統招待杜勒斯、卡尼、史敦普、蒲賴德午餐後，根據中美防禦條約第四條之規定，舉行兩國有關問題之會議後，杜勒斯即于下午四時飛返美國。

杜勒斯對于協防金門、馬祖並無具體表示，這是我方所最關心的。

中美條約既已完成，台灣防禦當然加強。我們不能單獨反攻大陸，我們必須美國幫忙，我們行動必須與美磋商，我們更居于被動地位。換句話說，我們就是受美國人保護。我們要知恥，要努力。

3月4日　星期五

【無記載】

3月5日　星期六

一、老友殷紹乘兄的公子光霖，與孫克寬兄（舒城人）女公子奇，于本日午後五時在裝甲之家舉行結婚典禮，我親往慶賀。光霖、孫奇都是台灣大學畢業，又是同鄉。

二、午後五時至雙城街廿三巷廿七號閻錫山先生公館，出席小組會議。

3月6日　星期日

一、惟仁老太太因申叔久不來信，心神不安。這是申叔不對的，那有將近兩個月不來信的道理。

二、與劉抱誠談漁業。劉擬入實踐研究院受訓。

三、前西北軍老軍官劉汝明兄來見，說他換發黨證，迄未發下。我答這事可問問黨部秘書長。

3月7日　星期一

天氣溫和，午後偕麗安遊覽動物園，並活動身體。仍感覺體力不如病前。

3月8日　星期二

一、上午十時參加總統府三月份國父紀念月會，陳副總統主席，葉外交部長報告。

二、光甫約在裝甲之家午餐。談到中國旅行社擬在台北或高雄辦規模較大招待所，因資本受外匯差額太鉅，不易匯來台灣，問我意見。答曰招待所應以安全為主，為選擇地址之原則，至能否賺錢，亦應注意。光甫曰不會賺錢的。

3月9日　星期三

上午十時參加中央第一七六次常務會議。

3月10日　星期四

美國遠東軍事領袖已警告華府，「遠東大戰爆發，也許祇是幾個星期事。」美各報均顯著刊登軍方警告，亞洲即將爆發大戰，美國若再退卻，將有嚴重後果。如不戰放棄馬祖，影響更大。紐約已感到戰事恐懼。國務卿杜勒斯對全美播提出警告，「共匪如敢進犯台灣，美將使用新型武器，可摧毀軍事目標，不殃及平民。」

3月11日　星期五

今日係農曆二月十八日，余七十二歲生日，很多感慨。

一、我一歲喪父，七歲喪母，孤苦零丁，遇事謹慎小心，堅忍憤鬥，受盡艱難，困苦非筆墨可以形容。最使我終身遺憾者，對老父母未能稍盡孝道。茲將父母生死日期記載于後，望我子孫永遠勿忘，減少我的罪過。父生于道光二十八年正月十七日寅時，終于光緒十一年三月初九日寅時。母生于道光二十八年十一月廿三日丑時，終于光緒十六年三月廿六日亥時。

二、余深感老年人體力一年不如一年，對于公私責任未了。如國事，不知何時回大陸。如私事，申叔因身體未能達成學業目的，庸、光兩兒讀書尚未完成，尤以惟仁老太太乏人照料。而家中無人工作，人人都要用錢，我實在無力負此責任。歸結說一句話，就是煩惱。

三、我認為我的生日，就是我的父母苦難日，所以向無做生日興趣，益以困難當前，更有何生日之可言。本日（上午）特到北投陳光甫家中休息一日，至晚六時始進城，頗覺心安。

3月12日　星期六

天氣忽熱，通常華氏寒暑表一日之間有十五度上下之差，人們稍一大意，即生疾病。

3月13日　星期日

一、在滿清末年舊同事吳星三君偕其子吳雲生，午後來見。星三江蘇江北人，年七十四歲，係清末江南第九鎮隨營學堂畢業，一向在軍隊中服務。其子雲生年卅四歲，軍校第十八期畢業，官至上校。他父子現在都無工作，想我幫忙，但星三年老，雲生尚有軍法案件未了。

二、鄭西谷（通和）午後來見。據云他的兒子從大陸來信，恐人家誤會，特向我說明，並將原信給我閱。答曰共匪一向宣傳作用，不足為奇。

3月14日　星期一

現在全世界集中注意力于金門、馬祖兩島的變化。民主國家除我自由中國積極堅守馬祖，待機反攻大陸外，其他民主國家不惜犧牲金馬，求海峽停火，得一時苟安和平。尤以英、美對金馬意見不能一致，而美國內部亦是不能一致的。

3月15日　星期二

病後身體日漸復原，但飲食大減，體重不易恢復。尤其畏寒，稍一不慎，易生疾病。無錫楊翰西老先生過訪，暢談太湖風景與種植花木。

3月16日　星期三

一、美國杜勒斯國務卿明白提出警告，匪若大舉進犯金馬，美將使用原子武器，匪幫如對東南亞發動侵略戰，美不再勸阻中、韓反攻云云。這就是杜勒斯所謂在亞洲對抗匪幫擴張主義戰略中的「三個戰場觀念」，也就是亞洲全面戰爭。美國此一表示，大有對共匪□牌之勢，但叫囂數月解放台灣的共匪，又將如何。

二、上午十時參加中央常務會議，討論本論第八次全國代表大會應否如期召開案。因茲事體大，未作決定，仍待研究。十二時卅分散會。陳辭修主席。

3月17日　星期四

前陸軍第七預備師師長李禹祥上午來見。該師前在新疆伊犁作戰失敗，當時余任省主席，中央對李頗有責難。余認為李氏在冰天雪地，彈盡糧絕，已盡軍人天職，請求寬議。

3月18日　星期五

美國國務院公開發表，十年前歷史悲劇，雅爾達會議正式紀錄。羅斯福為促俄參加對日作戰，接受史達林勒索，損及我國權利。雅爾達密約公佈後，我國外交部長發表談話：「該會議達成任何諒解，並無一國與我諮商。參加該會議只有英、美、俄三國。文件中有些與法國不體面的部分，使法國人感覺難堪。密件中稱：『英國由于其帝國主義的動機，似乎有若干人希望在戰後期間，有一個孱弱，也許是不統一的中國。』羅斯福當年曾建議史達林，韓、越由中、美、俄託管，香港應即交還我國。雅爾達會議開得一團糟，文件有八百頁之多。」中國為人出賣，可恥可恨。

3月19日　星期六

下午五時出席小組會議，推我主席。地點中正路一六九六號華民園。討論「民主法治」，認為人民要有公民常識，往往犯法而不知法，必須從教育著手。

3月20日　星期日

一、上午九時半到木柵考試院看莫院長德惠病。莫氏于日前入廁後，頭暈嘔吐，形勢嚴重，現在已經好轉。特將我曾經兩次頭暈的經驗告莫氏，只要安心靜養，不久即可恢復正常。莫氏東北人，現年七十三歲。

二、偕白雄到鄧鵬九（翔海）家，談整編主新日記。

三、立法委員佘凌雲來談當前政局與調整外匯等問題。

3月21日　星期一

本日上午到北投訪陳光甫兄。他因銀行事，以及存美被凍結款項必須派人赴美國交涉，因此光甫必須與銀行幹部見面交換意見。其見面地點在香港或其他地方，以光甫年老，行動頗為不易。我對光甫此次行止是無成見的，惟應當特別注意者：（1）身體；（2）安全；（3）是非。光甫無嗣，對于家事很煩神，對于一生創辦上海銀行幹部同人，以及該行股東權利，更無法交代，更加煩神。

3月22日　星期二

蔣總統向美國報人嚴正表示，我決心堅守金門、馬祖，美國不應同意英國對這件事的意見。不論美國是否加入防守這些島嶼，我們將不對任何壓力屈服，我們決心打到最後一人。蔣總統並預料匪俄明年必將挑起大戰云云。只要有決心與軍民一條心，任何困難皆可克服。

3月23日　星期三

一、上午十時參加中央委員會第一八〇次會議。討討民國四十四年度國家總預算（四十四年七月一日至四十五年六月卅日止）收支不能平衡，收入數字不能有把握，支出尚缺四億數千萬，何況本年一月至六月已虧空一億數千萬。總而言之，財經已至危險階段，因此會議未作決定。

二、人生在世，苦難為人生之常，凡事忍苦，可得最後勝利（我們在台灣須忍苦待時，才有期望）。

三、紐約時報證實，英國求取朱毛提供「停火」，最近努力已告失敗，顯示共匪在一、二月間與西方討論「台灣區局勢」所採的強硬態度並未軟化。因此「英國正以警覺而悲觀的目光，注視對台灣情勢的態度」。我看共匪不敢犯台，亦無力犯台。

3月24日　星期四

一、蔣總統對美國報人霍華德談話，重申我國決心全力防衛金門、馬祖，祇要保持高昂士氣，不論有無美國援助，將保衛此二島，深信確保沿海島嶼最足以阻遏任何大戰。

二、我外交部葉部長接見美記者，痛斥傳說中將導致承認兩個中國的台灣海峽停火私密談判。美國如背我暗中進行此種安排，則我人將不會視美國為盟友。警告日本不要討好共匪，「不同意日本鳩山首相所說承認兩個中國，即可獲得世界和平的說法。如果鳩山企圖過分實施他所說的話，則可能危及中日關係。」

三、蔣總統與葉部長此次強硬申明十分正確，可以澄清國際間中間路線的迷夢。我們有此大決心，不但能提高民心士氣，更可澄清我們過去居被動唯唯否否的態度。這也是本「有所不為，而後可以有為」之固有民族的精神。話說回來，既有大決心，就要有所準備隨時應戰，不是說大話可以嚇退敵人的。

3月25日　星期五

午後三時主持紀律委員會第三十二次會議。

3月26日　星期六

本會副主任張壽賢兄上月赴西貢接洽將在台灣舉行亞洲人民反共會議事，昨日返台，今晨來見。據云南越意見太深，遂時可以發生事件，未可樂觀。

3月27日　星期日

上午到博物館參觀第十二屆美術節台灣教員書畫展覽，比較往年成績大有進步。

3月28日　星期一

一、方希孔（治）兄的女公子與蕭君，于本日午後在中山堂光復廳舉行婚禮，余親往慶賀。

二、午後偕麗安看電影，係美國航空母艦作戰情形片。

三、法國參議院歷史性表決，批準西德重整軍備，不但將有五十萬德軍，而且可以順利參加西歐聯盟，更加大西洋組織基礎的鞏固。使蘇俄外交又一次失敗，民主戰線國家得到極度安慰。

3月29日　星期二

今日革命先烈紀念暨春祭陣亡將士典禮在圓山忠烈舉行，余因病後，故未參加。

3月30日　星期三

今日中央常會停開，召開總動員月會。華盛頓合眾社卅日電詢，美國決協防金門、馬祖，艾森豪總統今日在記者招待會上，作了最後的堅強表示。如果中共向金門、馬祖等大陸沿岸島嶼進攻，美國將決定予以保衛。他說必審慎履行條約（中美防禦條約）義務，以免損及軍之士氣云云。這是美國最明顯表示，蓋國際變化無常，還要看將來事實如何。

3月31日　星期四

三十日夜，越南政府軍與教派反政府軍決裂，西貢內戰爆發，要求總理吳廷延下野。此次發動事變，是平川教的武裝部隊向總理公署進攻，同時復向陸軍與警察總部進攻，已被政府軍擊退。按越南有三個教派，即高台教、和好教與平川教。越南自日內瓦會議劃分南北，今次南越事變，這是予北越共黨南侵機會。

4月1日　星期五

今日與陳光甫晤談，他因香港行開會，須親往主持，請我作出入境保人。余曰你赴香港我無成見，你如決定赴港，我有成見，所謂成見者，就是速去速回，並可作台灣出入境保人。光甫並擬此次赴港，關于該行美國存款解凍事與港行同人交換意見，集中解凍資料，派人赴美交涉等等。關于光甫赴港，擬去函報告蔣總統，託我轉呈。

4月2日　星期六

今午十二時卅分，蔣總統在總統府大禮招待總統府諮政與國策顧問等午餐，交換時局意見。我因席間坐次接近總統，有說話機會，特將陳光甫兄赴港事向總統報告。大意是：「陳光甫兄因香港行開會，須親往主持，擬赴港一行，很快回來，託我向總統報告」。總統答曰好、好。總統又曰以為他不在此地。我答曰他去年來台即未離開。我又曰關于在美國凍結款項，正在辦理解凍，尚須時間云云。

4月3日　星期日

光甫兄既決定赴香港一行，余特于今日上午赴北投光甫寓所晤談。余首先告光甫，赴港事余已于昨日報告蔣總統矣，光甫甚為欣慰。余告光甫久住台灣，既安全，又無是非，更無麻煩，如住香港則反是，所以我主張你速去速回。倘感覺夏天太熱，可覓風涼山地居住。光甫深以為然。光甫現年七十五歲，無兒子，有一位同年夫人，另有一位半公開（陳夫人不知道）同居二十餘載朱女士（五十歲）。光甫一生最大成就是海內外聞名、一手創辦的上海商業銀行，無人可以付託。光甫深感上項各種問題無法交代，精神非常痛苦。我屢次勸他抱達觀主義，盡心力而為之，速做可以了結的問題，其不能了結者，聽其自然演變。總以身心愉快為原則，萬萬不可過于憂慮也。

4 月 4 日　星期一

何敬之（應欽）本日嫁女，禮堂在雙連禮拜堂，我于午後五時親往慶賀。何先生無兒子，僅此一女。因在國難期間，未發禮箋，切合時宜，但賀還是很多。

4 月 5 日　星期二

上午十時參加四月份國父紀念月會。蔣總統親臨主持，並致詞，大意保障人權及言論自由是政府邁進目標，實施出入境管制為鞏固基地安全，報刊文學均享有充分自由，限制數量篇幅為適應節約，批評必須公正，以免為匪利用。

4 月 6 日　星期三

上午十時參加中央常務會議，總裁親臨主持，由第二、六兩組報告匪幫整肅。共匪內部鬥爭表面化，高崗、饒漱石遭整肅。匪設「監察委員會」加強控制黨員。據稱高匪于去年二月已自殺。高崗出身是陝北土共，原是工人出身，任陝北匪首，為當時中國西北區蘇維埃兼西北區農工紅軍總司令。毛匪澤東帶著老弱敗兵逃竄延安，高崗擁有一萬多人，竟允毛入延安。嗣毛調高赴東北工作，大陸陷匪後，高即以偽副總理兼東北區政委。東北繼之直接受俄帝接濟，形成特別區，于是乃遭劉少奇、毛澤東諸匪之忌。高匪現任職務是匪中央計劃委會主委。高陝北橫山人，六十三歲。饒漱石江西臨川人，五十歲，與俄特務頭子貝利亞有密切聯繫。民國十七年加入朱德匪幫的暴動逆流，曾任「中共」華東局第一書記。後匪成立「華東軍區委員會」，掌握華東數省軍政大權的「主席」一職亦落饒手。饒匪現任偽中央組織部長。高崗罪名是企圖爭奪周恩來「總理」權位，從事謀叛。饒漱石罪名是公開攻擊匪方黨政措施。這是匪幫大規模整肅開始，匪幫從此多事，從此不安，並暴露匪政權弱點。共匪經濟久已惡化，現在政治又發生整肅，以經濟、政治都無辦法，其失敗乃時間問題耳。

4月7日　星期四

庸叔兒既由陳光甫兄轉託孫瑞麟兄代向美國佛羅立達州立大學接洽獎學金，早經該校核准，擬本年七月參加本國留學生出國考試。但光叔本年暑假高中畢業，亦擬參加出洋考試。本日再請光甫託沈瑞麟兄代為辦理獎學金，陳函已于今日發出，深感光甫、瑞麟的熱情。

4月8日　星期五

【無記載】

4月9日 星期六

一、午後三時軍隊特種黨部新改選委員黃杰（陸軍總司令）補行宣誓，中央派余前往監誓，並致詞，大意：黨的組織為軍隊骨幹，黨的主義為軍隊靈魂。

二、午後五時參加裕台企業股份有限公司董事會，因事先退。

三、午後五時半至張岳軍家參加黨的小組會議，討論一般時局。認為共匪積極在沿海增兵及修建飛機場，隨時可以發動軍事，我方必須有所準備，尤其從速辦理疏散以保安全。我並強調一切非錢莫辦，政府必須積極籌款。

4月10日 星期日

一、國民大會代表賴少魂的老母羅太夫人在原籍廣東大浦逝世，本日在善導寺舉行遙祭，我于上午九時前往致祭。

二、越南大港口海防下月移交越共之手，中共即將取得戰略上重要東京灣的實際控制，可能將東京灣發展成為南太平洋的一個主要基地，更可使海防與海南島的榆林大港成為犄角。

4月11日 星期一

中央黨部財務委員會主任委員俞鴻鈞當選為中央常務委員，同時兼任行政院長，無暇兼任主任，所以中央改推徐柏園擔任財委會主任委員（徐原任副主任及行政院財政部長）。本日上午八時舉行交接儀式，派我監交。我並致詞，大意如後：本黨自改造以來，即由俞同志擔負中央財務重責，徐同志襄贊其事，迄今已有五年。在此五年中，國家財政非常困難，黨的財務困難亦不能例外，年來黨的工作逐漸開展，黨費支出逐年龐大。俞、徐兩同志一方面為國家整個財政籌謀調度，一方面又要為黨的財政開源節流，其工作繁重艱鉅，達成任務，我們非常感佩。俞同志雖不居主任之名，一定還可協助籌劃。徐同志駕輕就熟，又有陳慶瑜、陳漢平兩位副主任協助，一定能使黨的財務來源更為充裕，財務行政更趨合理云云。據俞前主任云，自改造以來，黨務已用去新台幣乙億多。典禮完成後攝影。

4月12日　星期二

一、本日于右任老同志七十晉七華誕，避壽鄉間。我偕張壽賢兄於上午十時至其寓所簽名慶賀。

二、陳光甫兄返香港出入境證，由我與洪蘭友兄作保，已經保安司令部批准。蓋出入境證手續非常複雜，須由鄰長、里長、區長及警察（各組）經過，然後送保安司令部，再由會議方式核定，往往有拖延二、三個月之時間。此次光甫出入境，係由我致函保安司令部副司令，直接核准，未經下級機關，所以五日即辦完成，並特別核准入境證至七月十日為止。這是保安方面對我的相信，我深為感激。

4月13日　星期三

上午十時參加中央常務會議，蔣總裁主席。討論有：

（一）內政部調查局改隸司法行政部，原則通過。至關于與檢察官及司法警察職權等問題，另行研討。

（二）關于軍事審判法草案一案，大體通過。惟關于軍人犯司法案件辦法，理論很多，關係太大，故未作結論。

（三）決定五月廿三日在台灣召開亞洲人民反共會議。

4月14日　星期四

我病後，朱仰高醫師調理很有進步。係用日本製インテレニン、心臟ホルモン、台灣製俾爾寧維他命等三種針劑一次注射，我每日注射一次，已五十七次。今日特訪朱醫，據其診斷應繼續注射，俟六十次後，休息一星期再注射，希望注射一百次。如此混合注射三種針劑一百次，就是三百針劑。

4月15日　星期五

下午三時紀律委員會開會，余主席。討論中央委員會四十三年度一至六月份經費決議審核，計經常、事業各項專款等總預算二三、二八二、五八二・八二元，經決算審定數二〇、六〇四、九五五・六四元，剩餘二、六七七、六二七・一八元。又建議應遵照中央委員會組織大綱，各處、組、會詳細規訂，關于財務方面，秘書處掌理會計事務，財務委員會掌理本黨財務統籌、支配及預算之審定，紀律委員會掌理財務之稽核與決算之審核。黨費逐年增加，籌措困難，現在物價高漲，黨費開支數字更大。

4月16日　星期六

世界任何民族的生存，必有其所賴以生存的民族文化，如果民族文化被消滅，其國家等滅亡。中國文化遺產是往聖先哲學術思想的創造與累積，亦即民族生活方式的反映，其成就是五千年一脈相傳的道統，而在天道與人性一種自然規律。發現此種精神，表現于形而上的為哲學思想的淵源，表現于人倫的為道德規範，而進于世界大同之治。

4月17日　星期日

入夏以來，以今日溫度為最高，華氏八十四度。

4月18日　星期一

今日忽起風，溫度降至華氏六十六度。昨、今兩日，相差十六度之多。

4月19日　星期二

一、國民大會山東代表殷君采先生病逝台大醫院，我于上午十時親往弔唁。
二、陳光甫兄將于二十二日星期五飛香港，特于今日中午約我與陳長桐、金克和、張壽賢等午飯，地點在圓山飯店。並談談現在一般經濟情形。

4月20日　星期三

一、上午十時參加中央委員會常務會議第一八七次會議，蔣總裁親臨主持。

二、陳光甫兄午後到信義路寓所晤談，將日內起程赴港，乘船抑係乘飛機尚未定。

4月21日　星期四

中美軍事協調會議尚未結束，而美國參謀首長雷德福與國務助理國務卿勞勃生又起程來台灣，海峽形勢之嚴重，可想而知。因此海峽停火與台灣中立、台灣台託管，甚至分為兩個中國，謠傳甚囂塵上。這都是國際政客的作祟，我們絕對反對，就是撤退金門、馬祖防軍，使海峽停火，我們亦絕對堅決反對，若然必影響士氣民心。

4月22日　星期五

上午十時出席裕台公司第五屆第一次股東會，改選董事及監察人。胡家鳳當選為董事長，李崇實、賀其燊、王鍾、洪陸東、李崇年、周友端為常務董事，徐鼒、劉啟光、林榮基、楊繼增、顧儉德、余建寅、吳建華、張振宇為董事。吳忠信當選常駐監察人，劉和鼎、白瑜、張清源、幸我、虞克裕、俞勗成為監察人，洪軌為總經理。

4月23日　星期六

外間謠傳紛紛，金門、馬祖局勢日緊，海峽停火空氣異常濃厚。美國對于金門、馬祖的態度，始終是模稜兩可狀態，而英國方面認為金、馬是一個炸彈信管，假如美國不迫令中國放棄金、馬，則美國有立即捲入戰爭漩渦，那將是世界大戰爆發。因此我軍民上下一致反對放棄金、馬，就是美參謀首長雷德福上將與助理國務卿勞勃生二氏來台，說服我們放棄金門、馬祖，必遭最堅決的拒絕。現在自由中國各界代表集會討論，以行動支援金、馬。

4月24日　星期日

一、關于光叔兒赴美國讀書事，前請光甫先生轉託孫瑞麟先生代向佛羅立達州大學申請獎學金。孫函復光兄，據云他過去向佛州大學申請獎學金有七人之多，如再為光叔申請，不定有把握。現正在申請中，萬一不成，擬在安息會大學代為設法，因安息會大學分佈各省，大都小城，生活便宜。抑或託顧毓秀先生在本雪文尼亞大學代為設法，因顧先生在該大學任教授，但該大學生活比較高。我特于今晨往北投光甫兄寓所，仍請光甫兄託沈先生特別在佛羅立達州大學申請獎學金，否則其他教會大學，請孫先生全權辦理。光甫兄允即去函。又因光甫兄擬廿六日（星期二）由海道赴香港，我特別強調望他早日回台，他深以為然。我所持理由有：（1）為美國存款解凍，須在台辦理；（2）為將來親自赴美解凍，由台前往比較便當；（3）為上海銀在台辦理營業事，必須常住台北；（4）為安全與避免是非，減少麻煩，更以早回為宜。

二、張載宇現任高雄運輸司令，今晚來晤。據云前教授申、庸、光三兒英文先生古世倫，想到台中農學院任教授，請我轉託經國或緯國向該院介紹。我深感不方便。因載宇與緯國正在陽明山實踐研究院受訓，即由載宇向緯國轉述我意可也。

4月25日　星期一

一、我左下第二板牙近來稍痛，今日特到中和鄉請周家肇牙醫診治。此牙已經蟲蛀，須加修補。麗安昨年十二月廿五日因撞車脫去門牙，亦于今日同往，請周醫另補。周在城內亦有診所。

二、我家係于民國卅八年四月廿五日（星期一）由上海飛抵台北，今日係四十四年四月廿五日（亦是星期一），整整六年。此六年之間，在公的方面，反攻大陸遙遙無期，大陸人民日在水深火熱之中。我們由大陸撤退來台六十萬大軍，既已老矣，常此下去，勢將走向萎縮道路。而財政、經濟乃是最嚴重問題，例如在卅九年春，一元美金約黑市新台幣八元，今則美金一元，黑市已至新台幣四十元了，瞻望前途，令人憂心。在私人方面，這六年之中，完全為子女煩神，深深感覺年老人子女年齡小，管教是非常吃力。而家用浩繁，家人無生產者，要我七十二歲老人一人負責，更是吃力。尤以七十二歲老妻惟仁夫人膝下無子，他心緒時感不安，使我對他無限同情，無法使他安慰。

三、近日共匪周恩來在印尼的萬隆亞非會議發表聲明，願與美國談判「台灣問題」，希望亞、非國家願意出作調人。美國答復提出一個基本原則，和三個先決條件。基本原則是關于台灣地區的任何磋商，中華民國必須參加。先決條件是（一）立即實現所謂台灣海停火；（二）立即釋放全部美國飛行員及平民；（三）接受聯合國安理會決議，列席討論紐西蘭就台灣問題所提之建議。北平中共廣播，竟悍然拒絕美提談判條件。

4月26日　星期二

一、大法官王鳳雄先生的夫人在原籍湖南衡陽逝世，享壽七十四歲。本日在善導寺設奠成主，我于上午九時前往弔唁。

二、陳光甫兄本日（廿六）下午六時由基隆乘輪赴香港，我于下午四時偕張壽賢兄到基隆為光甫送行。因我須開會，未待開船，隨即返回台北。

三、下午五時二十分至徐次辰（永昌）家出席小組會議。

4月27日　星期三

今日中央常會停開，召開總動員月會。上午晤朱家驊兄，他將往韓國一行。午後偕麗安至周醫處治牙。

4月28日　星期四

午後三時到周醫處看牙齒。

4月29日　星期五

申叔自一月十一日到烏拉圭來信後，迄未來信，亦未告我們他的住址。我們由李石曾先生代轉的信，亦無回信。究竟是何原故，令人百思不得其解。惟仁老太太終日望他來信，時常下淚。申叔此種態度，實在對不起惟仁老太太，我大大不以申叔為然，使我寒心。

4月30日　星期六

越南內戰不已，平川教派軍隊雖失敗，但局勢仍混亂，究竟鹿死誰手，尚未有最後結論。在爭奪西貢街市戰中，已有數近千名軍人及平民死傷，內有華僑很多。美國政府正式聲明繼續支持現總理吳廷琰政府，因此美、法兩國對越南局勢歧見已表面化，必須美、法意見一致，才能解決危機。越南王保大現留居法國，命令吳廷琰前往法諮商，遭吳氏拒絕。吳氏內閣認為吳氏法國之行，無異免除吳氏總理之職。越南臨時國民代表大會宣佈罷免保大元首之職，授權吳廷琰重組新政府。越南局勢極為嚴重，將為越北胡志明共黨最好利用之機會，民主戰線國家益感焦慮。

5月1日　星期日

最近國際形勢與我不利，美國與共匪將直接談判台灣問題，大有不須我們參加之勢。

5月2日　星期一

上午偕麗安到中和鄉周家肇醫師家醫牙，今日大致完成。其價值，一個抽牙神經鑲補台幣一百二十元，另一個在多年前已經補過，此次再加以整理鑲補，台幣六十元，兩共一百八十元。至麗安配一個門牙，需一千二百元，實在太貴了。因已做過牙模，未便還價，亦只得忍痛而已。這是因為是熟人，事先未說價之故也。

5月3日　星期二

上午十時到總統府參加五月份國父紀念月會，總統親臨主持，行政院僑務委員會委員長報告當前僑務情形。宜蘭警察局長傅維新係安徽同鄉，他現調花蓮局長。他上午來見，告以即將前往花蓮。他在宜蘭將三年，迭次約我遊覽宜蘭，均未如願，今再約，故擬日內往宜一遊。

5月4日　星期三

上午十時參加中央常務會議，檢討現階段本黨對敵作戰思想要領。又檢討香港時報財務概況及虧損情形，該報每日發行九千三百餘份，自卅八年起累積虧損總額計港幣二百七十四萬六千餘元，而今後仍須繼續增加虧損。現階段已至進退維谷之際，並牽動人事問題，因此不能立即有所決定，而反對該報辦理不善，亦大有人在。本案交小組再加研究。又總裁說明最近紛傳海峽停火之由來，其中最重要一段話，我們決定堅守金門、馬祖。我們有主權，非比韓國當時作戰統帥是美國人，越南當時作戰統帥是法國人，所以美國能在韓國談停戰，法國能在越南談判停戰云云。

5月5日　星期四

偕沈維經兄遊覽宜蘭縣

余來台灣已整整六年之久，除廿八年由廣州乘飛機到高雄晉謁蔣總統，及另一次因家住台中一遊日月潭外，其他台灣名勝，均未曾遊覽。此次遊覽宜蘭，係因該縣警察局長傅維新在宜縣三年之久，迭次約遊。傅局長即日調任花蘭局長，昨日特親自來台歡迎。故于今日（五）上午八時四十分偕沈維經兄及傅局長共乘一車，由台北出發，經過景美、新店（碧潭）、坪林，沿途公路盤旋曲折，左一轉彎，右一轉彎，峰巒四面，風景美麗，有些像廬山。沿途人煙寥落，多林場，路面平坦，此路在戰略上是台北通東面唯一要道。十一時卅分抵礁溪，這是宜縣有名的風景區。即在樂園溫泉旅館休息，傅局長招待午餐，有該局□科長、王秘書作陪。王秘書名承琪（號蘊石），南京人，係滿清時余母校將備學堂教員王光照先生的公子。今在此處遇見故人之子，也是很難得的一件事。樂園旅館歷史較久，以前日皇裕仁在太子時代曾在這裡住過。園中有花木，房屋一小幢一小幢分開，從前設計頗有理想。今者不但失修，而且骯髒不堪。午後一時乘車往遊宜蘭縣城、羅東、蘇澳等處。宜蘭全縣從南至北，夾長地形，背靠西面高山峻嶺，面對東方汪洋大海太平洋，中間係宜蘭平原，稻子長得很好，一片綠色，非常好看。該縣有水泥廠、造紙廠、木廠等工業。蘇澳是台東灣主要良港，因在細雨中，看太平洋上大有海市蜃樓之感。在蘇澳附近的南方澳為該縣唯一漁港，產漁甚盛。總括言之，該縣有工業、有漁業，尤以產米著，真是一個富庶之區。以時間匆促，只得作走馬看花式的遊覽，仍由原路于午後五時卅分返抵台北。

5月6日　星期五

李先良兄擬赴美國考察，已經總統批准，特來台北辦理出國各種手續，下榻和平路余家。李想出國已數年之久，今得批准，余亦為之慶幸。

5月7日　星期六

自昨日立夏，天氣雖轉熱，但氣候較為正常。余身體較冬季好，蓋余身體數月小病不斷，皆受台北不正常氣候之影響。

5月8日　星期日

上午陪李先良兄新公園散步。市黨部主任委員汪祖華來談市黨部近情。

5月9日至10日　星期一至二

【無記載】

5月11日　星期三

一、上午十時參加中央常務會議。

二、李先良赴美國深造，雖經總統批准，但美國方面尚未接洽妥當。因此須美國手續完備，我外交部始能給出國護照，然後此間美國領事館才能簽證。先良本日午後回台中，繼續與美國接洽。我送先良到車站。

三、沈維經午後來信義路寓所，出視孫瑞麟兄來電，美國佛羅立達州大學已准光叔全部獎學金，該校負責當局即將先來電，然後再寄入學證。這都是光甫、維經、瑞麟諸位幫忙，感謝之至。

5月12日　星期四

丁維汾（鼎丞）先生逝世一週年，本日在社會服務處禮堂舉行公祭，我于上午八時半前往參加祭禮。晚間李崇年過談，並留便飯。崇年是淮陰世族，國學本有根底，嗣又留學英國習經濟。以其學識非一般可以比擬，為何不能出任大責，皆因有口無心說話，為人之所忌。

5月13日　星期五

一、台中師範學校長黃金鰲託我請于右老墨寶，故于午後訪右老。右老出示致蔣總裁辭監察院長書。余曰總裁不會批准的，以現在內外困難之際，于先生亦不能辭職的。于又曰終日在監院是非窩裡。

二、午後五時至何敬之宅出席小組會議。談談當前國際形勢與我頗為不利，而政府財政、經濟亦成為問題。

5月14日　星期六

新加坡自十二日起發生暴動。今日因前在衝突中受傷之華警業已傷重方死，所有死亡數字已達四人。工潮仍醞釀擴大，軍警實彈戒備。這都是共匪從中指使，英國應該覺悟。已死四人中有美籍記者、中國學生，受輕重傷的人數還是很多。

5月15日　星期日

劉文騰兄過訪，他是紡織專家，現任某紗廠經理。據云台灣毛線廠係由陳年彭、王雲程雙方合股辦理者，現擬改為股份有限公司，組織董事會，擬約我參加。這是文騰兄好意，深為感激。答曰我是總統府諮政，又非股東，能否任董事，尚須加以考慮。

5月16日　星期一

張壽賢兄日前往桃園、苗栗等縣視察黨務，昨日回來。據云矛盾很多，尤其是縣市長及議員選舉，必須加以改善。依日內瓦會議，法國于昨日（十五）將海防交與北越共黨，法軍完全撤離。法國國旗從此在這塊曾受法國統治八十年的土地上消失，整個越北關入鐵幕。在政略上、戰略上乃是民主戰線在亞洲最大失敗。

5月17日　星期二

【無記載】

5月18日　星期三

上午十時參加中央委員會常務會議。研究石門水庫之籌建，關係台省北部各縣市人民經濟生活甚鉅，組織石門水庫建設委員會。其工程擬五年完成，所需建築費用，計台幣六億零九百萬元、美金一千二百四十萬元（照現行匯率一美元等一五．六五台幣，折合為台幣一億九千四百萬元）。

5月19日　星期四

第二屆亞洲人民反共會議，因韓國反對日本參加，發生阻礙，即派秘書長杭立武于昨日專機飛韓疏解。

5月20日　星期五

午後訪王雪艇先生。本擬與王談國際現勢，適黨史委員會主任羅志希先生先在王家，乃與王、羅等大談其黨史。

5月21日　星期六

教育部已定六月中舉行留學生考試。當即晤商沈維經兄，即電沈瑞麟兄，將光叔佛羅立達大學獎學金證件從速寄來。

5月22日　星期日

第二屆亞盟會議停止舉行

亞盟會議停開，其原因係韓國反對日本參加。當時我為「盡其在我」道理，派杭秘書長立武親往韓國疏解無效，但我已「仁至義盡」。現值國際環境不利之際，而亞盟會議盡告失敗，真是萬分不幸，也是我無力量與無能力之表現。應該大大覺悟，如此大釘子不能再碰了。玆將亞盟中國理事長聲明黏于後。

谷正綱聲明全文

本報訊

亞洲人民反共聯盟中華民國總會理事長谷正綱，對在臺北召開之第二屆亞洲人民反共會議宣佈停止舉行發表聲明，全文如下：

亞洲人民反共聯盟，原係大韓民國所發起，經中、菲、越、泰四國及琉球、港、澳等地區之贊同，於去年六月在韓國鎮海召開第一屆會議。其目的在促進亞洲人民反共力量之團結，大會曾通過宣言及亞盟組織原則兩大決議，並決定推中華民國代表團在擴大基礎之原則下，負在臺北召開二屆會議之責。

中國代表團為執行大會所賦予之任務，組織亞盟中國總會，積極從事召開第二屆會議之籌備工作。亞盟中國總會為貫澈擴大基礎之決議，一再分別洽請各會員單位及其他亞洲各自由國家與地區，推選代表來臺與會，並派代表訪問東南亞各國。幾經函電往返，多方接洽，始獲致除原有八個會員單位參加外，並有日本、土耳其、巴基斯坦、高棉、印度、緬甸、馬來亞等國家及地區之反共人民派遣其代表以觀察員身份，及自由俄聯反布爾塞維克集團等以來賓身份參加本屆會議。

正當大會籌備工作告竣，距離會期僅有六日之際，韓國代表團臨時反對日本以任何資格參加會議，並要求中國代表團對其所持新會員入會須採一致表決方式之主張，予以保證。

按本會此次邀請日本觀察員參加會議，係基於去年十一月本會常務理事杭立武、包華國赴韓，與亞盟中央聯絡處負責人兼韓國出席鎮海會議首席代表李範寧先生簽訂之書面協議，該協議第二條規定：「亞盟中國總會得以邀請國之地位，邀請日本或其他國家地區派遣代表以觀察員或來賓資格出席會議。」李範寧先生復於二月六日致函本人，重申：「自由中國既為此次會議之邀請國，自可邀請日本以觀察員地位，參加在臺北舉行之會議，其入會問題，可留待大會討論。」而韓國代表團首席代表李範寧先生在接受本會邀請書後，當於四月廿六日函送其代表團名單，並告定五月十六日左右派一二代表先來臺參加籌備工作，其他代表及隨員均定於五月十九日啟程。未料韓國代表團於五月十六日宣佈其上述立場，終止來臺，雖經本會推派大會籌備處秘書長杭立武飛韓，一再洽商，終未獲其出席會議之同意。本會盡力至此，鑒於以上情況，實感對鎮海會議擴大基礎之決議，已難於貫澈，爰經本會常務理事會慎重考慮，決議聲明原定五月廿三日在臺北召開之會議停止舉行。

本會籌備召開此一會議，謹蒙海內外各界同胞之支持，與亞洲各自由國家地區反共政黨社團領袖之贊助，以及國際民主人士之鼓勵，衷心至感，在此謹申謝忱，對接受邀請之各國代表及國際友人，深表遺憾，相信當此大敵當前，亞洲各自由國家及其人民，終必能加強團結，共為反共而奮鬥。而中華民國人民仍當本此信念，願盡一切努力，以促成立亞洲人民反共運動之成功。

5月23日　星期一

【無記載】

5月24日　星期二

一、美副國務卿小胡佛發表演說稱：「美國並未允諾協防金門、馬祖，但將防止朱毛匪幫利用該島嶼，作為進攻台灣的踏腳石。」又小胡佛竟表歡迎周匪的和平濫調，佛說：「歡迎周匪恩來所作進一步聲明，表示朱毛願捨棄戰爭，接受以和平方式改善台灣海峽的關係。」

二、陳光甫兄最近去日本，連來二函。今日（廿四）簡單作復，其原文：

奉讀兩次手書，敬悉貴體康健，深以為慰。關于銀行復業事，當以所談二點為原則，尤應順應自然，不絲毫勉強，想吾兄必以為然也。務請多加保重，餘詳維經兄函。

三、美國佛羅立達州大學主管外國留學生負責人來電，已批准光叔全年獎學金，仍應等待正式入學證。這都是陳光甫兄，以孫瑞麟、沈維經諸先生之幫助，不勝感謝之至。教育部已公佈本年公私費出國留學考試日期，六月初五至六月十六止報名，六月十八、十九兩日舉行考試。

5月25日　星期三

一、中央常務會停開，召開總動員月會。查動員月會每隔三星期開一次。

二、庸叔入學證係去年冬季班，因教部未舉行留學考試，乃請佛羅立達州大學延至今年春季班，但教部仍未舉行考試，只有請維經電瑞麟，延至明年春季。

5月26日　星期四

記許曼君小姐寄畫片

有許曼君小姐寄來畫片九張（由烏拉圭寄來的），係由李石曾先生與蕭瑜（子昇）先生題詩，並題明曼君係申叔兒學生。現此九幅畫，真似申叔作品，分不清是曼君所繪者。內有一幅山水畫，蕭先生題詩有：「昔聞玉潤轉歌喉，今見生花妙筆頭，信是聰明歸耳目，才兼悅耳刮清眸。」此詩與山水截然兩事，文不對題，乃是介紹許小姐是先習音樂的，而且很聰明的。我們素不知曼君之名，更不知是誰人女兒。申叔既未來信，而曼君寄畫亦未附信，祗得就曼君寄畫片信封上地址，由庸叔兒于本日（廿六）簡單復曼君數語：

寄來大作畫片九幀，已于廿五日收到。家父展閱之下，深為讚美，竊喜國畫界天才輩出。家兄申叔未來信久矣，甚念。

總而言之申叔久不來家信，是申叔最大錯誤。

5月27日　星期五

午後三時主持第卅四次紀律委員會會議，因此蔣總統今日在新竹檢閱海陸空三軍演習，故未能前往參觀。

5月28日　星期六

下午五時至長安東路一段廿八號王世杰先生寓所，出席小組會議。

5月29日　星期日

英國選舉保守黨勝利

此次英國國會選舉，保守黨能在當權四年之後，再度爭取國會多數，主要的原因是對內經濟建設，能使歷年來國民期望的食、住、生活方面予以解決。蓋英人以工商立國，穩定通貨為發展工商業必備條件。自從保守黨秉政一年之內，即扭轉英鎊貶價逆勢，外匯基金年有增加。對外交採取團結西歐，自從北大西洋公約成立，西德再武裝急轉直下，最近奧國獨立，都是助長保守黨政權威望。但保守黨在民主與極權鬥爭中，不免姑息，使韓戰犧牲美軍十餘萬人後，與朱毛匪幫在韓國停火，又因贊助日內瓦會議，將越南腰斬。使共產集團不費兵力取得二千方里，與一千二百萬人民。最近甚囂塵上，所謂台灣海峽停火問題，仍是英國姑息政策作祟。英國對中國問題，在工黨競選政剛，主張立即撤退金、馬，讚成匪共進入聯合國，中立台灣。而保守黨則主張撤退金、馬，讓自由中國與匪共代表同時存在聯合國，以談判解決台灣問題。保守黨與工黨雖然一丘之貉，一再擬損害自由中國國際地位，但保守黨自始至終，堅決支持中美共同防禦條約，支持美國以武力協防台灣。總之保守黨現在獲得國會穩定多數，使此後五年的英國繼續走上強大與繁榮，而英、美兩國外交關係將更密切。英首相艾登說：「今日比過去任何時候，更需要政治家保持冷靜與和平。外交是一種藝術，相信任何外交感情主義，都是召至危險，並且是錯誤的。」

5月30日　星期一

一、上午十時到教育部訪張部長其昀，託其代為照料關于庸叔、光叔兩兒赴美留學事。張答如有事件，由庸、光兩兒與其面洽。我深感其雅意。

二、沈維經兄來電話，佛羅立達大學已將光叔入學應填的表格寄來。當即往取，囑光叔從速辦理，從速寄去，希望在六月十八日考試前收到正式入學證。蓋學校當局雖來電報批準獎學金，但恐臨時發生問題。

三、申叔由烏拉圭飛美國途中，致老太太一張名信片。寥寥數字：

　　母親大人福體康健，兒赴美途中，現在巴西上空。

五月十四深夜二時

同時接李石曾先生五月十六來函（由楊家駱先生

轉）。關于申叔方面，李說：「申叔已于日前經美返法，已催其作家信，想或接到于弟此片之前後也。」申叔近數月不來家信，近才在空中來名信片，真是莫名其妙，大有神經失常之勢。

5月31日　星期二

俄共建立緩衝

俄共利用民主集團畏戰心理，以和平共存為口號，以製造緩衝地區，拉攏中立國家。例如對奧和約的訂立、俄酋訪問南斯拉夫、日俄談判開始，以及共匪釋放四名美俘等等情事，很顯明是企圖分化自由世界，打破美國對俄共圍堵政策。這固屬民主陣線不利，尤其與自由中國不利，民主國家應反擊俄共陰謀赤化世界野心。

6月1日　星期三

一、上午十時參加中央常會議。

二、本日已由沈維經將光叔入學所填表格寄往佛羅立達大學。維經很熱心，非常感激。

6月2日　星期四

本日午後六時徐道鄰與葉妙暎小姐舉結婚禮，于老先生右任證婚。我因與道鄰府上是世交，為主婚人，故代表家長向來賓道謝。

6月3日　星期五

連日霉雨，天氣忽轉涼，我的身體很不舒適。近數月來痔瘡時發，胃疾雖未發，但飲食大減，影響身體康健。

6月4日　星期六

一、印度無任所大使梅農在新德里宣布：「周恩來向他表示，準備在對內與一般基礎上與蔣總統談判。」

二、蔣總統說：「決不作對中共任何方式談判。因為這卅年來，中共對于我們中華民國政府，履次使用談判方式來達成他的武力所不能達成目的。」

三、查中共一貫策略，打打談談，甚至一面打一面談，萬萬不可上他的當。

四、蘇俄總理布加甯在南斯夫首都伯爾格萊德，與狄脫總統發表申明。其中有關中國，贊成准許中共入聯合國，支持中共對台灣「合法權利」。這都是南斯夫與蘇俄利用中共，拉攏中共，與自由中國確是不利。

6月5日　星期日

應新光紡織股份有限公司董事長吳火獅及前市長吳三連之約，于本日上午十時前往士林鎮洲尾路，參觀該廠正由日本工程師裝置機器。該廠係紡人造棉，在當前係一種紡織新興事業。

6月6日　星期一

上午十時至中山堂參加六月份聯合總理紀念週，中央第三組主任鄭彥芬報告華僑教育。

6月7日　星期二

一、庸叔為應出洋考試，于昨日往教育部報名，業經通過。即待檢查身體，若無問題，即可發給準考證。

二、光叔今日往教部報名，因美國正式入學證尚未寄到，乃根據該校當局批准電報先行報名。教部因電文不夠清楚，須該校再來詳細電報，只得請沈維經即電美國，請該校迅速來電。

6月8日　星期三

一、上午十時參加第二〇〇次中央常務會議，討論文化改造運動綱要修訂學案等等。

二、本日收閱申叔由巴黎來函說：

星期六夜自紐約安返巴黎，途經波士頓及愛

爾蘭。日昨為法國假日，此片現在寄上。

兒申叔　星二午

函中所謂星期六就是五月廿八日，星期二是五月卅一日。申叔既不願久住烏拉圭，當然仍照原始計劃返回巴黎習美術，我是很贊成的。申叔自去年十二月離法後，奔走南北美數月之久，此次返法，當可安心求學了。

6月9日　星期四

美國國務院主管遠東事務、助理國務卿勞勃森覆函百萬人委員會，重申保證，在美國與北平偽政權任何談判中，美國與自由中國關係決不會受到犧牲云云。依勞勃森這種說法，美國可以隨時與中共談判的。

6月10日　星期五

一、上午十時參加總統府六月份月會，張教育部長其昀報告社會教育中心工作概況。

二、光叔出洋留學，前因教育部以其美國學校來電不夠清楚，當即去電請其更正。不料復電又將光叔誤為庸叔，真是意想不到，惟有請沈維經再去電請該校更正。

6月11日　星期六

沈維經今晨到電報局，與當事人說明美國來電將光叔名誤庸叔名，並將過去有關光叔留學、美國學校來電都是光叔名字交與電局核，關請電局予以更正，電局隨即更正。但昨晚維經已去電美國，今晨再與電局交涉更正，維經辦事之精神與迅速，尤其是熱心，真令我十分感佩。光叔午後到教部報名，順利完成。此乃是出國第一關，將來考試能否錄取，以及軍訓等等，仍要庸叔、光叔努力。

6月12日　星期日

一、青年黨河南國民大會代表郭殿武先生日前在台中病故，本日在台北市十普寺開弔，我于上午九時半親往致祭。

二、張載宇夫婦由台中來，午後到余家訪問。

三、光叔名字錯誤，前電美校，今日收到該校復電改正。辦事之迅速，實屬欣佩。

6月13日　星期一

上午九時到實踐堂參加中央紀念週，省立師範大學校長劉真（白如）報告師範學院改為師範大學之理由及其經過，以及師範大學的使命。

6月14日　星期二

【無記載】

6月15日　星期三

上午參加中央第二〇二次常務會議，總裁親臨主持。

6月16日　星期四

蔣總裁于中午十二時卅分在台北賓館約評議委員談

話，並午餐。據總裁云，現在國際冷戰已至最高峰，我們今秋固困難，明年還是困難的。

本日致陳光甫兄一函大意如下

台北近來氣候正常，午間稍熱，早晚甚涼，尚不覺夏日之苦。北投尊居新近修葺，將來如能安置冷氣，則暑氣亦可大減，而環境幽靜，誠大好居處。吾兄到港後，不知何日命駕返台。弟意似以于入境證到期前返台，將來可隨時往返兩地最為適宜。尤因國際形勢變化無常，在美凍結之款，自應速予進行解凍。而在台接洽此事，較在港諸多便利。此間夏日氣候于江先生健康不甚相宜，可請渠暫緩來台，渠公子不日來港，望轉告為盼。嫂夫人如有意來台小住，不勝歡迎，弟當代準備一切也。順請

儷安

弟忠信　六月十六午

6月17日　星期五

下午三時主持第三十五次紀律委員會會議，討論例案很多。近來國際環境于我國形勢較為不利，而對內不團結，財政無把握，尤以外匯更無法解決，都是令人憂慮的。

6月18日　星期六

一、下午五時至王院長寵惠家出席小組會。討論第八次代表大會應否召開，認為以緩開為宜。嗣又論

及國內外形勢，認為困難很多。我主張必須內部團結，始能應付各種困難的來臨。尤其近來外匯價之調整，無濟于事，反使美鈔黑市上漲。最滑稽的是台灣銀行對美國人兌換美金，以台幣三十四元兌美金一元，而本國人民持有美元者，以台幣廿一六毛五分兌一美元，而市面黑市則在台幣四十元左右。台銀這個做法，豈不是自造黑市。人民黑市買賣要辦罪，台銀則可公開做黑市，俗語「只准州官放火，不准百姓點燈」。現在財經情形，正向崩潰途中急進，這是我們最嚴重關頭。

二、庸、光兩兒今日應教育部留學考試，計考國文、英文、史地、三民主義。據他二人考畢回家報告，庸兒確有考取希望，光兒比庸兒較差，也有考取期望。

6月19日　星期日

【無記載】

6月20日　星期一

一、上午九時到實踐堂參加紀念週。由中央通信社社長曾虛白先生報告中央社目前業務與其困難，以及今後工作方向與業務瞻望。尤以目前財力有限，不克充實電訊設備與儲備大量人才。

二、今日係一千二百年來最長一次日全蝕，因台北天空多雲，致觀察結果成績不如理想。其全蝕帶於馬尼拉、可倫坡等地，台北僅百分之七十五左右耳。

6月21日　星期二

陳光甫兄此次返港係由我與洪蘭友兄作保，原請以兩個月為限，但保安司令部特別批准三個月，至七月十日期滿。我曾函請先甫如期回台，但渠來函，因港行待商之事甚多，同時港行為對付英國人起見，正在籌劃與美國合組信託公司，預計在七月底、八月初返台云。既已如此，不得已，只得于入境證期滿時代為延期。

6月22日　星期三

一、今日中央常務會議停開，改開總動員月會。每隔三星期開一次。

二、廣東老同志胡毅生先生日前來信約我見面，我于今日上午到中崙光復路五十八巷卅八號胡的寓所拜訪。胡自患腦溢血後，不能行動已數年之久矣。據云生活日感困難，意在請我轉達中央幫助。胡年七十有一矣，情殊可憫。同時胡有地產在九龍，為葉、張友人出賣後，分文未給胡氏，亦擬請我們幫忙。我擬與鄭彥芬同志接洽後，再向中央進言予以救濟。

6月23日　星期四

以廿九國組織的世界道德重整運動訪問團，此次應聘前來自由中國訪問。其團員計有一百七十餘人，多係各國知名之士。該道德重整運動自倡導迄今已有三十多年歷史。道德重整符合我國政治理想，就是發揚四維八德力量和精神為第一要義。我國亦是會員國。

6月24日　星期五

今日是農曆五月初五日端陽節。今年端陽節拜節固少，而送禮更少，是應該如此的，也是各人興趣與生活不景氣的表限。蔣老太太已遷居桃源，余偕惟仁老太太于本日上午前往訪問。

6月25日　星期六

李崇年兄今午來告，前談中央財務委員會擬與豐原織布廠合作辦一個紗廠，有成功可能。這件事果能有成，與中央財務很有幫助。

6月26日　星期日

今日上午會見交通銀行董事長趙志垚兄。彼此交換意見，認為目前國際雖與我們不利，但內部財經的把握十分重要。

6月27日　星期一

上星期三，美國一架巡邏機在白令海峽上空被俄機擊落，機員受傷者七人。蘇俄外長莫洛托夫對此事件表示歉意，並謂蘇俄願意賠贖一半損失。美國務卿杜勒斯感到滿意云，這蘇俄罕有認錯之事件。

6月28日 星期二

昨日匪機襲擊我非武裝飛機復興公司民航班機一架受傷，又我噴射機一架于巡邏時被擊落。我空軍總部證實匪機完全由俄人指揮。此次亦為匪機首次出現于馬祖上空。俄帝上星期三在白令海峽擊傷美飛機，昨日共匪又擊落我飛機。這就是共匪一面高談和平，又一面武裝威脅。民主國家勿為和平所誤。

6月29日 星期三

上午十時參加中央常務會議，總裁主席。討論文官任期問題，未得決定。

6月30日 星期四

李宗仁近在美國向美、英、印三國提出三項主張：（1）解除台灣武裝；（2）國共會議；（3）舉行台灣公民投票。這真是荒謬絕倫，吾人應群起而攻之。李當大陸緊張之時，身為代總統逃走外國，致國家民族于不顧，何無恥乃爾。

7月1日　星期五

上午十時到總統府參加七月份國父紀念月會，蔣總統親臨主持。新任參謀總長彭孟緝上將、新任聯勤總司令黃仁霖中將、新任副參謀總長羅列中將在月會中宣誓就職，總統監誓。宣誓後總統致訓詞，勗勉文武公務人員必須「務實存誠」，才能達成反共抗俄的任務。

7月2日　星期六

一、合肥同鄉羅剛（影柔）的老母陸太夫人日昨病逝，享壽七十陸歲。我特于本日上午到影柔家慰問，太夫人遺體已移極樂殯儀館。

二、上午十時偕伯雄到木柵訪鄧翔海（鵬九），商談整理我主政新疆日記事。這亦不過為將來國家應付新疆參考的資料。

三、下午五時到賈煜如（景德）家出席小組會議，仍是研究國際間問題及國內財政等問題。

7月3日　星期日

上午九時半偕昆田到極樂殯儀館公祭羅老太太，合肥同鄉很多。羅老太太下午三時大殮後即火葬，可謂福壽全歸。我送挽聯外，並送奠儀二百元。

7月4日　星期一

上午十時到中山堂參加七月份本黨總理聯合紀念週。中央黨部第五組主任上官業佑報告本黨農民政策與台灣農村現況，其結論說，台灣農民生活日漸改善，農民組織日漸健全，農民經濟日漸繁榮，農民地位日漸提高。

7 月 5 日　星期二

台北全年此月最熱，本月八日是小暑，廿三日是大暑，因此七月台灣是仲夏之月，也是暑熱酷烈的月份。每天最熱時是在下午一、二時之間，總在三十二、三、四、五度之間，最低溫度在黎明前，即三時至五時，總在二十三、四、五度之間，最低最高相差約十度。七月的風全是偏南夏季風，七月夏雨最為急驟，總之七月份是相當討厭的月份。

7 月 6 日　星期三

上午十時參加中央常務會議，討論「中央黨部四十四年度經費總預算」，及討論「省級委員會組織規程修正草案」暨「縣級委員會組織規程修正草案」。

7 月 7 日　星期四

一、合眾社（五日）電，今日倫敦蘇俄政策分析家稱，蘇俄似乎希望在歐得到一個「休息的時期」，以求其穩固領導權與國內經濟，並確保其在歐洲「地位」，以便在亞洲進行可能較大的冒險云云。這是我一向的看法。

二、世界上任何國家都是畏懼原子彈。此種原子戰爭，戰敗者固屬犧牲，戰勝者亦難免吃虧。尤其是美、蘇兩國均以原子稱雄者，更不願發動戰事。因此在暫時不用原子彈的戰爭原則下，一面發動最高冷戰，一面如在亞洲等地方隨時可以發生局部熱戰。在這種國際和平冷戰高潮，是與我們自由中國最為不利的。

7月8日　星期五

庸叔兒考取出國赴美留學

本年度留學考試，于今日午後廿二時由教育正式揭曉。此次考試計報名參加大專公費生考試者七九一名、大專自費生八五三名、高中獎學金五八六名、日本獎學金一〇九名，共計二千三百三十九名。其考試成績達到錄取標準予以錄取者，計有大專公費生十八名、大專自費生四六二名、高中獎學金二百卅五名，又日本獎學金初選四名。庸叔、光叔均係參加高中獎學金考試，庸叔考取，光叔落取。庸叔雖已考取，須受軍訓四個月後，辦理其他出國手續很多，尤其關于美國領事館考試一關，頗為重要。如能一切順利進行無阻，大約在明春可以成行。光叔必須積極用功，應付下次出國考試。

7月9日　星期六

上午九時到館前路物資局三樓禮堂，主持安徽國民大會聯誼會開會。該會曾經推舉我為召集人，溫廣彝兄為秘書，已很久未開會了。日前因推選出席全國聯誼會代表，由原出席聯誼會代表兩次召開全省代表會，均未足法定人數而流會，不得已由我以召集人名義召開會議。全皖籍國民大會代表七十二人，除不台北，或因病或因事請假外，計出席代表五十人，遂即開會。我首先致開會辭，即用無記名投票改選出席全國聯誼會代表七人。又改選本國聯誼代表九人，仍推余為召集人，堅辭未果，故余仍推溫廣彝為秘書。至十一時圓滿散會。

7 月 10 日　星期日

申叔近數月來由法經美至烏拉圭，最近又由烏經美返巴黎，可以說一事無成，虛而不實。而李先生說他不聽話，用費太多。本日特託昆田函告申叔，崇法務實，並要申叔歸還李先生飛機票款項。詳細情形以後另記可也。

7 月 11 日　星期一

一、上午十時到陽明山革命實踐研究院出席總理紀念週，蔣總裁親臨主持，並訓話。
二、何應欽夫婦明日赴日本醫病，下午余往何宅送行。

7 月 12 日　星期二

一、林聖揚兄昨日由巴黎返抵台灣，今晨來見。說申叔在巴黎大學文學院上課，身體還好，並帶來照片及申叔送我與庸、光兩兒皮夾等件。林君本來習繪畫，原在師範大學教書，在三年前赴法國深造。
二、往訪于右任先生，請于先生在民國元年黃克強（興）先生致我親筆函，加以題拔以留紀念。

7 月 13 日　星期三

一、上午十時參加中央常務會議（第二〇八次會議）。

二、與經國談寄嶠事。我曰寄嶠家務已了，我尚未去報告總裁，寄嶠有軍事天才，經國可與他聯絡，我向寄嶠說。經國曰好，曾去看過寄嶠，未遇。嗣經國又與我談申叔身體，很關心的。我又告經國，庸叔已考取赴美留學，他的身體、他的功課很好，我這是了我的責任，也是替國家造下一代人才。我老矣，要你照應他們。他說是的。蔣總裁在昨年以寄嶠家務，對寄嶠大為不滿，自國防部長下台後，迄今未派工作。我此次告經國取聯絡，擬酌奪情形，再向總裁進言。

7 月 14 日　星期四

于院長右任迭次向我表示擬辭去監察院長職。以其擔任院長已廿餘年（我亦是成立監院時第一屆委員），且以于先先高壽已七十六歲，當然可以退休。但于先生革命一生，毫無積蓄，一旦退休，生活很成問題。黨部雖然可優待元勳，于先生素來不肯接受。經我考慮再三，只有暫時勿辭院長。故於今晨訪于先生，將我研究結論與于先生詳細商談。于先生深以我的主張為然，緩辭院長。我與于先生四十餘年老朋友，曾同辦民立報，我任該報經理，于任社長，感情素篤。

7 月 15 日　星期五

【無記載】

7 月 16 日　星期六

一、伍守恭兄日赴香港，為交通部辦理輪船案件，昨日回台，今晨來見。據云在香港晤光甫兄，託伍轉告我香港行務尚待處理，須緩日返台云云。守恭係台灣律師，上海銀董事，與光甫係世交。

二、午後五時到台北賓館出席小組會議。談黨政關係，都認為聯繫不夠，易生事端。我認為都是人謀不臧。

7 月 17 日　星期日

師範大學校長劉真（白如）來談該大學現在情形。倪超凡來見，據云他現在國防部軍法局內工作，係擔任監獄及人事等任務。

7 月 18 日　星期一

一、上午九時到實踐堂參加中央紀念。張秘書長宣讀總裁對于日內瓦「四國會議」與俄共動向的剖析小冊子，約兩萬多字，內容豐富。對于遠東，認為可能牽涉到遠東問題，俄共侵略態勢為「西守東攻」，就是對西歐取守、對遠東取攻，以及俄共對我陰謀。

二、今天是美、英、法、俄四國首長在瑞士日內瓦開會。這個會議在俄帝是他和平攻勢高潮，亦是俄帝和平侵略戰役中的一次大會戰。俄方出席四國會議巨頭是部長會議主席布加寧、共黨第一書記赫魯雪夫、外交部長莫洛托夫、國防部長朱可夫全部出馬。這四個人合起來等于史達林，足見俄國重視此會，亦可見俄國政治係多頭領導的。布加寧達日內瓦，發表和平濫調，竟誇言為人類覓求和平，真正可笑。美總統艾森豪抵日內瓦，重申美國對和平願望。英總理艾登、法總理傅爾均抱謹慎樂觀。我們須知共黨只要在他們認為能夠有所收獲時，必將不惜任何手段，抱括軍事行動在內。民主國家太天真了，終久必定大大吃虧。而國際一般掮客們，扶強欺弱，不啻與虎謀皮，實在可恨。總之此次會議不致破裂，可能有若干原則性的協定，留待將來四外長會議討論。但是與我們自由中國確是不利的。

7月19日　星期二

今日晤前總統府秘書長王世杰（雪艇）兄，彼此交換國內外形勢之意見。他認為國際形勢目前與我確是不利，但對內用人必須以人才為主，方可挽回不利形勢。

7月20日　星期三

上午十時參加中央常務會議第二〇九次會議，討論備「黨員自清案」。

7月21日　星期四

今日連天大雨，余未出門，在家整理日記。

7 月 22 日　星期五

本日午後六時半，經濟部次長徐鼐（健青）、財政部錢幣司長金克和請我晚餐，在座都是安徽同鄉。徐、金二君都是青年有之人才。

7 月 23 日　星期六

申叔自回巴黎後，雖常來信，都是空話，毫無實際，也可說是自欺。最近來信要錢，我實無以為應。我已數月未寫親筆給他，仍託彥龍去函勸告。

7 月 24 日　星期日

日內瓦美、英、法、俄四巨頭會議，自七月十八日開會，至廿三日閉會，一共六日。雙方用盡心力，用盡喉舌，其結果有關裁軍、德國統一、歐洲安全等主要問題，留待本年十月間四外會議討論。在會議中，俄國提請解決亞洲與遠東局勢，包括台灣地區，而「以承認中共對該島無容爭議的權利，為決定基礎」，及應注意到重建中共在聯合國內「合法權利的重要問題」，為艾森豪總統所拒絕（這是蘇俄藉此對毛、周表示他是照顧他們利益，亦是以主子地位說話）。蘇俄首席代表布加寧拒絕美國所提國際共產問題，並拒討論附庸國問題。後來俄同意不再提及中共問題，換取美國不談歐洲共黨附庸國問題。美總統艾森豪提驚人裁軍建議，要求交換軍事藍圖，並使兩國公開接受無限制空中攝影，以證明其對裁減軍備與和平誠摯願望。當時俄酋等都是目瞪口呆。

7月25日　星期一

一、昨日吳氏宗親會興建宗祠正殿公工程已近完成，舉行上樑大典，並祭祖。我偕吳一峯兄前往參加典禮。

二、上午十時到陽明山革命實踐研究院參加總理紀念週，蔣總裁親臨主持。

7月26日　星期二

美國國務院申明，將于八月一日在日內瓦開始和大陸共匪進行大使級談判，商討俘虜，及「其他在爭執中的實際問題」。而國務卿杜勒斯論與匪幫談判範圍，並無何限制，將涉及所謂「停火」原則問題。在過去一再申明，只談遣俘，不談其他，今則不但要談其他，還明言海峽停火問題。以現在形勢看將來，美與匪談判，美人目的希望共匪釋美俘及拉攏共匪，而共匪志在反台。我們今後應付方法頗為不易，而國際間都是畏戰，認為遠東台灣最易發生戰事，所以要海峽停火。這是國際間最錯誤。

7月27日　星期三

今日中央常務會議停開。中央近日正在開軍事會議，所以常會停開。

7月28日　星期四

一、朱家驊兄在日本患病，現已痊愈，于昨日返台，我特今晨前往訪問。查朱先生係應韓國政府之邀，前往漢城講學後，取道東京返國。突患腦溢血，留日就醫，幸告康復云。

二、自從日內瓦四國高階層會議以後，姑息主義又在作祟。英國有約俄酋訪英之舉，美國同意與匪在日內瓦舉行「大使」級會議之措施，法國外長皮奈更出人意料之外，言詞間竟有欲與匪共建立外交意。而美總統艾森豪前天在記者招待會中，曾提到國務卿杜勒斯或許不得已而與匪幫「總理」周恩來相晤，而試圖解決華盛頓與北平一些問題。此話一出，美國務院與台北官員均表驚訝。國際形勢與我不利漸漸加緊，亦為我另一個艱難時期開始。我們惟有真正做到團結內部，安定人心，尤其財政穩定，才可應付艱難。

7 月 29 日　星期五

下午四時在台北賓館舉行紀律委員會第卅六次會議，我主席。很有幾件縣長、黨員違紀助選案，尤其有一件立法院委員劉伯昆同志對總裁不敬批評案，頗難議決。推定小組審查，下次會再提出討論。我並向會報告：「中央黨部秘書長是中央常會幕僚長，我們紀律委員會又是秘書長的幕僚，我們紀律案件尚未到常會，往往在工作工作會議已被否決了。」至六時散會後，即在台北賓館招待全體委員及紀律委員全體工作同志晚餐，盡歡而散。

7月30日　星期六

一、國大黨團小組任期屆滿改選，我們係第九小組，本日午後（二時半）在衡陽街一〇二號召集選舉會，我準時出席，仍選趙執中兄為小組長。

二、午後五時中央直屬區黨部第一小組開會，輪我主席。故借上海銀行總管理處舉行，並備茶點。討論美與匪日內瓦會議。

7月31日　星期日

【無記載】

8月1日　星期一

美國與共匪竟進行談判

美國強生大使和王匪炳南，今日在日內瓦的萬國宮進行談判。按美國原來宣布，美國與中共于八月一日在日內瓦舉行的（大使級）談判，本僅限于釋放美籍戰俘及遣回平民一事，但目前已轉入一個重大的企圖，以試探中共現在是否對台灣停火問題談得攏。而周恩來又說出準備與中華民國直接磋商和平談判，解決所謂「台灣問題」。明知我們是不可能的，而故作姿態，其弦外之音，是要美國不管台灣事，並撤退武裝部隊。周恩來又說要與美國及其他太平洋與亞洲國家，成立一廣泛的互不侵犯條約，這就是來摧毀東南亞公約及中美共同防禦條約。周恩來大言不慚，包含有若干陰謀，是將美國誘入陷阱，企圖敲搾天真美國人。這次會，可能拖到美派國務卿出來舉行外長會議。

8月2日　星期二

美國與匪幫昨日在日內瓦舉行大使級首次會談前數小時，宣佈釋放美國十一名飛行員戰俘。這是共匪最狡猾的心理行動，旨在軟化美國在日內瓦談判的態度。至于被拘於中國大陸四十多個美國平民，匪幫必將繼續釋放，以達和平攻勢之目的。美國務卿杜勒斯于本日招待記者說，日內瓦談判可能走向最終從事更廣泛談判步驟，可是杜卿斷然聲明，台灣、金門、馬祖地方不在談判範圍之內。以各種情況看日內瓦談判，將由大使級會談轉到外長會談，可能再擴大到亞洲會談。共匪以和平攻勢離間民主國家，美國是在自由世界居領導地位，應堅定一慣自由亞洲政策。此次日內瓦會議使民主戰線由懷疑而動搖，我對亞洲前途不樂觀。我們是唯一反共國家，但孤掌難鳴，任何和平談判，都是與我們不利的。處此國際苟安畏戰之際，我們祗有拿出智慧與忍耐與大無畏的精神，隨時應付未來的難關。

8月3日　星期三

本日中央常務會議停開，改開動員月會。

8月4日　星期四

一、友人林蔚文（蔚）于前日病故，今日上午在極樂殯儀館公祭，午後大殮，我于上午九時前往弔唁。林氏浙江黃巖人，現年六十七歲，官至上將，一向隨蔣總統掌理作戰約三十年，參加北伐、抗日、剿匪諸戰役。

二、上午十時到總統府出席八月份國父紀念月會，蔣總統親臨主持，省政府嚴主席報告省政。

8月5日　星期五

光叔今年暑暇高中畢業，應出洋考試未能錄取（錄取標準二百十分，光叔只有二百零四分），故應考淡江英專、工業專科學校，以及台灣大學、師範大學、台南工學院、台中農學院、政治大學五院校聯合招生，並擬日內再考台中東海大學。本日工專發榜，光叔已正取該校三年制電機科電訊組。吾人聞之非常快慰，亦是我對子女教育責任最後交代。

8月6日　星期六

就國際現勢而論，第三次世界大戰爆發可能延遲相當時間（有人以為有氫彈後可無戰事，未免言之過甚），我們應有單獨作戰之準備。

8月7日　星期日

上午偕沈維經兄赴天母回看伍守恭兄。該處風景幽美，適宜居住。守恭兄現任律師，上海銀行董事，與光甫兄有世交關係。

8月8日　星期一

上午十時到陽明山參加總理紀念週，暨黨政軍幹部聯合作戰研究班第五期結業典禮。蔣總裁兼院長親自主持，並訓話。大意是強調實踐二字，並說近代打仗是「打組織、打生產、打學術」。近代作戰無處可以躲避的，最好防空工程都可破壞的，因此無前後方之分，甚至前方較後方安全。又說總理革命戰術：「一、蔭蔽；二、描準；三、走路；四、吃粗」云云。所謂走路、吃粗就是吃苦耐勞。

8月9日　星期二

原子能和平用途國際會議，昨日（八）在內瓦開幕。被邀請者有七十二個國家一千二百六十位科學家、八百名工業界觀察員，及將近六百名新聞記者。由印度科學家巴伯在此會議擔任主席，他預言人類將駕馭氫原子能，在二十年內將可供和平用途。有二千六百六十名各國代表、專家、記者參加，可謂空前稀有。美國有總值兩百五十萬美元展覽品的原子，陳列于日內瓦萬國宮會場內開幕。美總統艾森豪致電申賀稱，清除禍亂的黑暗角落，原子科學是最新工具。這次會議是艾森豪總統一次國際勝利。美國福特公司設置原子獎金，每年七萬五千元，業已撥出專款百萬元，以給予任何人或團體，「在和平使用原子能的時代中有最大貢獻者」，作為新的獎金。英國首相艾登的賀電，原子能用于和平會議，是走向提高世界生活標準的一步驟，也是世界性合作，以遂和平目的輝煌例證。

8月10日　星期三

一、上午十時參加中央常務會議，總裁親臨主持。討論「中央黨政關係改進要點草案」及「防空疏散建築用地徵用領用條例草案之立法原則」等案。

二、自由中國號帆船橫渡太平洋，有志竟成，昨日安抵舊金山。航行六千哩，歷時五五天，仍將繼續完成環球航行。五位船員代表中國青年，及一位船員駐台北美國副領事，其冒險犯難的精神令人極感興奮。由此中國與美洲往來，當在歐洲先不知幾許年。

8月11日　星期四

今晨在辦公室與蘭友、壽賢閒談。我說吾人辦事首在能以「敬事」，這是辦事唯一原則，還要有「不多事、不怕事、能了事」的精神。尤其要有公正心理，然後才能負國家重大責任。現在滾滾諸公，就是不「敬事」，好多事，又怕事，又不能了事，遇事推拖，所以將國家弄到如此地步。

8 月 12 日　星期五

美國當前對台灣的態度

美國現有充分武裝的準備，無發動戰爭的決心。對于台灣決不會同意奉送共匪，台灣是美國重大利益之所在，台灣若陷共黨之手，美國海洋前哨，將在美國太平洋沿岸被迫後退數千里之遙。美國不願作戰，美國人民和政府當前重大問題在意見上業已融和一致。美國繁榮程度正在日益增進之中，社會比較安靜，比較溫和，因此艾森豪總統有被選連任可能。

8 月 13 日　星期六

【無記載】

8 月 14 日　星期日

物價日在上漲，生活日在困難中。我家祇有我拿少數薪水，而家人無一生產者，且都要用款，真是難滿其欲望。

8 月 15 日　星期一

現在失業者太多，尤其是中等知識分子。而台灣局面太少，工作崗位亦少，而請求我代為謀事頗不乏人，我實無法應命。

8月16日　星期二

一、陳光甫兄原定今日回台北，忽昨日來電緩來。他的出入境證限期三個月，期滿又代延期一個月。我期望他如期回台，已了我保人之責。我從來不作任何保人，此次做光甫兄出入境保人，而且代向保安司令部申請，這是與光甫交誼不得不如此者。

二、午後四時訪老友于院長右任先生，他身體甚好。談談我們辛亥革命的精神。

8月17日　星期三

上午十時參加中央第二一四次常務會議，總裁親自主席。討論四十四年一至六月工作檢討總結，紛紛發言。因時間關係未作決議，擬下次會再討論。計今日發言較為重要者有：

一、羅家倫說現在本黨與政治有距離，與人民有距離，與青年有距離。說得非常懇切，很有內容，也是當前事實，應該積極予以注重。

二、主管設計崔書琴同志坦白痛快發言，約十五分之久。認為計劃不能實現，亦不能坦白寫作，並且使人不能量解。總裁命崔寫作。崔答照辦。

三、總裁要我說話，我祇得應命。我曰就主管紀律而論，此次縣長與縣議會議長之選舉，本黨同志有違紀競選者，經中央開除黨籍，但目當選縣長、議長者任職如故也。有選民擁護者，這是本黨損失。本黨主要目的在爭取民眾，與其爭取百千被導之份子，不如爭取一個能領導百千人之份子。要爭取民眾，「要人家相信，要人家不怕」，這兩句話是總裁鼓勵我的。回憶在民國三十三年，總裁要我任新疆主席。答曰我向來不做沒把握事。過了一星期後，總裁又向我說，新疆還是要請你去，因為人家相信你，不怕你。答曰既如此，祇得暫時擔任新疆主席。現在報告諸同志參考，無論辦什麼事，人家怕我們，又不相信我們，必定離開我們的。

8月18日　星期四

中央決定十月三日召開第七屆六中全會。

8月19日　星期五

下午四時舉行第卅七次紀律委員會會議，我主席。

8月20日　星期六

下午五時出席小組會議，在王雪艇家中，由王主席。因不足法定人數，改為談話會。

美國宣佈置人造衛星

美國于七月廿九日宣佈，計劃于一九五八年完成一個人造環繞地球的衛星。這衛星為圓形，大小約與籃球相同，將由火箭射至空中，以每小時一萬八千里之速度，每九十分鐘環繞地球一次，離地面高度約二、三百哩。據宣佈，這一計劃完全是為了科學目的，在于改進預測氣候、改進無線電通訊、增進對太陽射的瞭解等等。

8月21日　星期日

總統府參軍長孫立人辭職

總統府參軍長孫立人上將，因匪諜郭廷亮案，引咎辭職，並請查處。經總統批准，並派我等政府高級官員九人組織調查委員會。此案發生後，頗引起中外人事之注意，蓋孫氏是我國軍人中在國際間唯一有聲譽者。此案真是中華民國之不幸，也是重大損失。茲將總統命令及新聞局長所發表談話黏于後。

總統命令如下

（一）總統府參軍長陸軍二級上將孫立人，因匪諜郭廷亮案引咎辭職，並請查處，應予照准，著即免職。關於本案詳情，另組調查委員會秉公澈查，報候核辦。此令。

派陳誠、王寵惠、許世英、張羣、何應欽、吳忠信、王雲五、黃少谷、俞大維組織調查委員會，以陳誠為主任委員，就匪諜郭廷亮案有關詳情，澈查具報。此令。

吳南如發表談話

本報訊

總統府參軍長孫立人，因匪諜郭廷亮案，於八月三日具呈向總統引咎辭職，並請查處，經奉總統八月二十日明令照准。新聞局吳局長頃發表簡要談話如下：

最近政府曾破獲匪諜案，其為首份子郭廷亮為孫將軍多年之部屬。郭匪自三十六年隨新一軍調赴東北，即與共匪發生關係。迨東北淪陷後，該匪又接受匪方密令，利用其與孫將軍之關係來臺從事滲透與顛覆工作。三十七年底，郭匪抵臺，先在孫將軍所主辦之訓練班供職，嗣調陸軍總司令部服務。經潛伏一個時期後，於四十三年開始活動，憑其與孫將軍接近之地位，一面資為掩護，一面勾結陸軍總司令部督訓組之江雲錦等，形成組織，圖作不法之行動。自去年八月共匪叫囂攻臺以來，郭匪等之滲透分化工作，更加積極，至今年五月間，乃竟企圖製造事端，從事顛覆活動，經事先發覺，郭匪等均已依法就逮。關於匪諜部份，郭匪已直認不諱，至於全部案情正在審查中。孫將軍以郭匪廷亮等為其多年信任之幹部，乃以舊屬關係，致被其利用，痛感疏於覺察，暗於知人，幾至貽禍國家，因向總統辭職，並請查處，業經照准。另由總統明令組織調查委員會，秉公澈查，報候核辦。

8 月 22 日　星期一

上午十時至北投石牌實踐學社大禮堂，參加總理紀念週。總裁親臨主席，其訓話重點「實踐」，並說孫立人案。祇三十分鐘完成，為從來時間最短之一次紀念週。

8月23日　星期二

陳光甫兄于廿一日午後四時廿分由港飛返台北，我到飛機場歡迎。陳氏離台有四個多月，並到日本旅行。我于本日上午到北頭陳的寓所，與陳談上海銀行在台北應加強組織。陳深以為然，但深感人才缺乏。

8月24日　星期三

一、上午十時參加中央常務委員會第二一五次會議，仍繼續討論四十四年一至六月工作檢討總結。有關大陸工作與僑務工作，由鄭介民、鄭彥芬兩同志報告，均感覺經費困難，妨礙工作進行。至十二時散會，仍未有決議。

二、總統府第二局黃伯度局長過談，有關孫立人案，認為情形複雜。

8月25日　星期四

一、本日係故友陳果夫兄逝世四週年，我于上午十時前往觀音山陳氏墓地致祭，並有陳氏生前友好為陳氏建紀念亭（名合作亭）。

二、故友吳鐵臣兄墓即在陳墓附近，如到陳墓，必須先過吳墓。我特到吳墓拜弔，吳墓較陳墓氣象開朗。

三、吳鑄人兄午後來見。他新由香港回台，談他在香港所辦一所中學，經數年之奮鬥，現在情形很好。吳說香港報紙對于孫立人案頗多物議，因此處理此案要特別注意。吳說李宇龕在香港，以算命為生，現生意清淡，生活困難，擬託我向陳光甫兄請求予以援助。李宇龕、章兆植兩兄知道麗安今年陰曆八月初二日五十生日，託鑄人帶來衣料為之祝壽，深為感激（此衣料今日未帶來）。

8月26日　星期五

孫立人將軍因匪諜郭廷良案，引咎辭職，並請查處，組織調查委員會。本晚八時在涼州街第廿八號，就有關調查委員會事項舉行初步會商。除張岳軍臨時因事請假，及何應欽現在東京外，我及陳誠、王寵惠、許世英、王雲五、黃少谷、俞大維七委員均出席，由陳誠主任委員主席，進行會商。首由黃委員少谷書面報告組織委員會的原因，及委員會討論此案的程序，以及聘請顧問與法律專家等等。黃氏並報告中外輿論對于此案不良的批評、社會的重視，鬧得滿城風雨。我即根據黃氏書面中說，蔣總統主張寬大，以政治解決此案，首先發言主張寬大，並說範圍縮小，時間縮短云云。換句話說，不要擴大另生枝節，從速了結。許委繼續發言，贊成我的主張。王雲五要定一個宣佈時間。王寵惠說到證據有直接、間接不同觀念，並主張由孫立人書面報告。俞委員說外國調查團之性質與技術，並說四個星期可辦結此案，又有人說如詢問孫立人，孫可請律師一同出席的。最後決議，由國防部總政治部于下次會提出此案的經過情形的報告，至十時散會。

8月27日　星期六

一、參加裕台公司第五屆第二次董事會。

二、庸叔兒即考取赴美留學，本日上午九時廿分赴鳳山受軍訓（四個月），然後才可辦理出國手續。我與光叔及龔大公子、陶宗鈺送庸叔至車站。我以下八句話勉庸叔，大多對他缺點說的：守校規、守本多、勿畏難、勿苟安、慎言語、慎交遊、要耐苦、要節約。

三、光叔應考台灣大學、政治大學、師範大學、台南工學院、台中農學院五院校聯合招生，本晚發榜。光叔錄取理學院地質系，我們非常歡喜。查五院校只取二千數百人，而應考乃有一萬二千數百人，能以考取者，非同小可也。

8月28日　星期日

一、故友張繼（溥泉）先生老夫人崔震華監察委員七十大慶，本日上午九時在實踐堂舉行慶祝，我于上午九時半親往祝賀。

二、巴壺天夫婦擬託我介紹他女公子至銀行工作，我允向第一銀行黃朝琴董事長進言。

三、王介艇夫婦來，說他的女公子華玲擬進台中東海大學讀書，託我向該校董事長杭立武說話。我說恐不容易，日內與杭見面，當代為一提。

8月29日　星期一

台灣銀行董事長張滋凱、財部錢幣司長金克和，不日將赴土爾其軍士旦丁出席國際貨幣基金委員會。陳光甫兄今午十二時卅分在圓山大飯店招待張、金二氏午餐，約我與陳質平（前駐菲律賓大使）、陳常桐、張壽賢等作陪。午後五時看洪蘭友病，他體質素弱，近患腹瀉。關王華玲考東大，已與立武兄說過。

8月30日　星期二

本日上午九時在博愛路博愛賓館，舉行孫案調查委員會第二次會議。經過四小時又二十分之久，始散會。茲將會議大致情形分記于後。

一、聽取參謀總長彭孟緝報告匪諜郭廷亮口供，及郭案有關各人口供。所有各人口供，多係牽連孫將軍立人者。

二、本會決議，將郭廷亮各犯交國防部軍法局，彭參謀長交來全案交由本會顧問及專門委員研究，提出問題，于下一次會討論。

三、為調查團發表初步報告，討論很久。交由顧問與專家研擬，下次會討論。我表示發表報告，必須使人家相信，否則受人批評，其遭遇困難，必更甚于今日，則調查團更難善其後。

四、外交部葉部長報告，分析美國人輿論，百分之七十同情孫立人，百分之二十無意見，百分之十等待調查委員會報告。這是值得我們注意的。

8月31日　星期三

一、今日中央常務會議停開。

二、本日午後三時與外交葉部長見面，交換孫案彼此意見。認為此案發展至如此地步，想不出妥善辦法，必須扭轉國內外輿論與政府威信，就是要方方顧到，真是不容易的一件事，調查團報告很難自圓其說。

9月1日　星期四

本日細閱郭廷亮等供辭。其供辭之多，且非常複雜，我必須詳細研究，非一、二日可以閱畢者（郭係雲南人）。

9月2日　星期五

今日繼續閱有關郭案中王善從、陳良壎供辭。王係安徽志德人，許靜老外孫。陳係福建林森縣人，卅四歲，係孫立人少校隨從參謀。王、陳供辭都是很重要的，而陳的供辭尤為重要。

9月3日　星期六

一、午後五時至重慶南路張岳軍兄公館，出席小組會議。

二、本日仍繼續閱郭案情資料中江雲錦、劉凱英、田祥鴻、孫光炎、王學斌等供辭。江雲錦江蘇吳縣人，卅七歲，係陸軍總署第五署第四組中校組長，一向隨孫立人管理軍隊訓練事宜。田祥鴻四川德陽縣人，卅歲。劉凱英安徽合肥縣人，廿九歲。孫光炎湖北天門縣人，廿六歲。王學斌河南商水縣人，卅一歲。全部案情資料已閱畢，但不能憑他們一面供辭下斷語。

9月4日　星期日

一、連日豪雨，淡水河水位猛升，房屋沖毀倒塌，鐵路交通受阻，主要河川水位均告急。我本應光甫約赴北投，為水所阻作罷。

二、蔣總統昨日茶會招待僑教會議全體代表，致詞有：「去年曾指出四十四年為我反共抗俄過程中極為艱苦的一年，明年比今年可能更為困難，不過困難並非危險。」

9月5日　星期一

上午九時到博愛路賓館出席調查委員會第三次會議，聽取各委員對國防部所送報告案情資料研閱後所提出意見。各委員及工作人員紛紛發言，以王雲五先生、葉公超先生發言比較重要，對案情資料（郭廷良等口供）表示懷疑。我以大會觀念未能一致，有軍事、法律、外交、政治各種不同之觀念，我們應以國家利益為重，共同研究一個妥當辦法。最後對案資料表示，我們是承認此資料，抑或不承認此資料。時以十二時，案尚未了，宣告散會。就大家情緒觀察，對資料發生懷疑。

9月6日　星期二

總統府張秘書長岳軍約我于上午九時半在總統府見面，轉述總統要我與孫立人見面。我表示中外報紙，我與孫是同鄉，應迴避。張一再要我去。我曰去說什麼。嗣又談及一般政治、財經等問題。計談二小時，這是我與張未有如此長時間談話。最後關于我與孫立人見面事。我曰張去我可同去，否則別人去我不去，如我一人更不去。

9月7日　星期三

一、上午十時參加中央常務會議，討論「立法委員黨部組織規程修正意見」，其修正重點在點名表決，蔣總裁並有許多指示。

二、常會散會後，總裁約我談孫立人案，要我與孫見面。答曰昨日張岳軍已與我談過，現在我不便見面，並與張約好，一定要我去，可與張同去，否則不去。我若與孫見面，孫若向我提出若干條件，要我向調查會代為要求，實難應付。蔣曰你與黃伯度去如何。答曰以我與總統關係及地位等等，亦不便與黃同去，請總裁原諒。就是要我去的話，亦覺時間太早，可保留將來說話地步。總裁曰好，你不去。我又曰是不是請黃伯度先去。總裁曰再商諒。我乘此機會向總裁說，我對孫案之意見很多，其中比較重要者有：

(1) 成立調委員會，主要目的是應付美國、對付共匪。

(2) 現在調查委員意見尚未能一致。就外交言，則主張迅速決定解決辦法，俾好應付美國。就軍事言，破獲此大陰謀暴動案，希望嚴辦，以肅軍紀。就法律言，認為一切案件須憑證據說話。就政治言，必須研究此案之前因後果。以上項原因，所以調查委員會迄今尚無中心思想。

我對此案提出五項原則：（甲）總統寬大，主張政治解決；（乙）調查委員公正的態度；（丙）扭轉國內外不正確輿論；（丁）軍方案情資料予以顧及；（戊）以達到軍心民心之安定。我主張解決此案的程序，必定要確定原則，提出辦法，把握結論，否則夜長夢多，愈拖愈糟。

此案經過很久，如在上次總統准孫立人引咎辭職命令中，加上幾句話，即可了結。現在調查委員會仍可尋總統此項命令以及孫立人引咎辭職文件，與匪諜郭廷良供辭，可以得一解決辦法。這是我未成熟的意見。

此案既複雜，不能用複雜中尋辦法，衹能用簡單方法來解決。我們說話人家不相信，說多多批評，說少少批評，還不如發佈比較合理而簡單一個文件，從此結案。聽他任何批評，我們一概不理會，自然就會煙消雲散。我們再不能推拖，不管推到任何地方，拖到任何時間，這些外國記者必定要追問下去的，尤其我們無秘密，什麼事人家都是知到的。

各犯人口供未弄好，是因為口供太多之故。

總裁對我這番話甚以為然。他最後表示，關鍵仍在孫立人。我因說過不願與孫見面，故不欲問關鍵何在，比即辭退。總裁曰你的身體很好。答曰頭時常發昏，肝火太旺。

三、午後四時出席調查委員會第四次會議。我說話比較多，大部份都是本日中午我向總裁報告的話，不在復錄。嗣討論進行訊問孫將軍之方式，決定全體委員出席，地點在台北賓館。又關于郭廷亮、江雲錦等調查詢問方式，有主張三個小組，我主張一個小組，折中辦法主張兩個小組，並推王委員雲五、黃委員少谷各擔任一組。黃云郭廷良等案卷已移軍法局，各人犯仍在保秘局，予以優待。張厲生兄主張調查委員會作一報告書告一段落，仍將此案轉移其他機關。我表示不同意，人家將批評調查委員會未盡責任與無能，失去組織調查委員最初之目的。

9月8日 星期四

孫案中外輿論甚多不滿的論調，影響我國家聲譽與地位。當國際情勢處于低潮之際，發生此案，可謂不幸之至。此案初發時處理未能慎重，繼而政府大員幫同處理亦拖延過久，弄出中央史無前例的調查委員會，而調查會仍不能立即拿出解決辦法。就此案先後經過看來，充分表現我們無能與幼稚，尤其表現大家不負責任。我此次在調查會最多說話之一人，乃出于忠黨愛國之熱情，即使有人對我加以批評，我亦在所不計也。我連夜失眠，心緒不佳，肝火甚旺。

9月9日 星期五

一、中午十二時卅分，蔣總裁在台北賓館舉行中央評議委員會談，並午餐。由中央黨部張秘書長厲生報告十月三日召開六中全會籌備情形。

二、下午五時，張岳軍兄次公子繼忠與林運玲女士舉行結婚典禮，我親往道賀，地點在新生南路三段浸信會懷思堂。

9月10日　星期六

聯合國同志會在泰國舉行第十屆世界大會，拒不邀請我國同志會參加，而容共匪三個嘍囉列席。這是英國從中作梗，查自卅九年英國承認共匪政權後，即拒邀我出席。今竟使共匪列席，可以說是英國拉攏共匪入聯合國的號砲。

9月11日　星期日

陳光甫迭次約我到北投寓所談談，本日上午十時前往。陳深感年老，許多手續未了，尤其對于大太太無以安慰。我勸他順應自然，以保重身體為要。即在陳處午飯，飯後回台北。

9月12日　星期一

上午十時參加中央紀念週，由中央黨部第六組張炎元同志報告，從九月十五日起至十一月底止舉行黨員自清案。

9月13日　星期二

下午四時出席調查委員會第四次會議。聽取王委員雲五、黃委員少谷訊問郭廷亮等口供情形，大致與國防部送來郭等口供相同。又討論訊問孫立人將軍的准備。

9 月 14 日　星期三

上午十時參加中央常務會議。討論「中央常務委員會政策委員會會議規則草案」，又討論行政院四十三年七月至十二月工作檢討與考成報告審查意見。

9 月 15 日　星期四

【無記載】

9 月 16 日　星期五

午後四時出席調查委員會第六次會，仍討論詢問孫立人將軍諸問題。有主張詳細，有主簡單，有主將郭廷亮等口供先交孫閱，然後可由其書面答復，有主張問一件，給孫看一件，很多不同意見。結果擬：一、詢問地點在陽明山；二、當日約孫先到陽明山閱郭等口供，待孫閱後，調查委員會即在陽明山詢問孫將軍；三、詢問孫將軍事項，以扼要簡單為原則。

9 月 17 日　星期六

一、今日係麗安五十歲生日，和純姪夫婦、襄叔姪女夫婦、彥龍夫婦等均在我家午飯。晚約近鄰龔理珂夫人及其公子等晚飯，很熱鬧。

二、午後五時至徐次辰兄家中出席小組會議。

三、北投訪陳光甫兄，即在陳家住宿。我告陳曰，你山居安靜，其生活起居非常圓滿，不但是人間福報，且是現在天堂。

9月18日　星期日

龔理珂兄夫人昨夜突患血管收縮症，情勢嚴重，立即請朱仰高醫師診治，今晨形勢漸漸轉佳。我中午由北投回來即往視，見其汗流不止，精神非常不振。龔夫人體氣素弱，經此大病，就是病愈，亦是不易復原。

9月19日　星期一

調查委員會決定本日午後在陽明山第一賓館進行詢問孫立人將軍事項。余于午後三時上山，四時全體調查員出席，詢問孫將軍。孫氏態度坦白，有問必答，對匪諜郭廷亮等判變不知情，但承認用人不當的措誤（詳情另記）。至七時孫先退，調查委員會繼續開會，認為孫氏今日答辯資料可以作為調查委員會報告資料。孫氏一生戎馬，功再黨國，今日得此結果，其內心之苦痛可以想見。我亦不欲多言，是非曲直，留待歷史批評。我又申明，國際如此不好，此案應速了結。八時半散會。

9月20日　星期二

理珂夫人病勢仍是嚴重，昨日進台灣療養院檢查。我今晨偕麗安到醫院看病，據云腦血管破裂，仍在危險中。大公子維寧十分憂慮，託代計劃後事。我認為還未絕望，予以安慰。

9月21日　星期三

上午十時參加中央常務會議，總裁主席。秘書處報告共匪與美國在日內瓦舉行大使級會議，商討美國在大陸僑民問題。其協議有兩點很重要：一、在中國大陸美國人民，願返美國者，共匪准其返美，如有受阻者，可向英國駐北平代辦申請代為辦理；二、在美國中國留學生，如願返中國大陸，美國准其返大陸，如有受阻者，可向印度駐美大使申請代為辦理，如有旅費不敷，可由印度大使幫助。就這個協議看來，美國係以匪幫為對手，並稱共匪為中國人民共和國。尤以留學返大陸旅費不足，可由印度駐美大使幫助的利透，則在美留學生必為之動搖。何況雙方仍要繼續談判，其他問題必定影響中華民國是無疑問的。吾人前途，值得考慮。

9 月 22 日　星期四

一、第十屆聯合國大會拒絕討論俄國所提主張允許匪幫朱毛入聯合國，以四十二票對十二票通過美提案不考慮任何排我建議。各國紛發言，多指斥匪為侵略者，但以現在和平攻勢的形勢，匪幫將來入聯合國可能性甚大。

二、理珂夫人病勢好轉。

9 月 23 日　星期五

一、午後三時主持紀律委員會第卅八次會議，討論例案多件。

二、美國迭次保證，美國雖與共匪舉行談判，決不牽涉我國權益。所謂權益的範圍，值得研究者也。

9月24日　星期六

本日午後四時至台北賓館出席調查委員會第七次會議。先閱孫將軍星期一詢問簽字筆錄後，有主張根據筆錄可以作報告書，有主張在筆錄中未能詳細處予以書面詢問，意見紛紛。其結果，推王委員雲五、黃委員少谷等起草報告書，如認為有必須補詢者，再行補詢可也。

9月25日　星期日

美國總統艾森豪突患心臟病，據公報情況良好，長期內難任繁劇。艾氏一身繫天下安危，竟在此國際緊張時機突罹險症，各方萬分關切。

9月26日　星期一

龔理珂夫人病況在昨日稍有變化，惟龔夫人身體衰弱，希望不再有其他變化。我與麗安今日上午到醫院慰問龔夫人。昨、今兩日天氣轉涼，因此頗感不適。

9月27日　星期二

中央黨部副秘書長周宏與第一組組長唐縱（乃建），于午後七時在寧夏路一〇六號招待李石曾先生晚餐，約我作陪。李因病未到，在座並有張炎元、馬星野及前駐菲大使陳質平、黨部副秘書長鄧傳凱等。我在席間發言，現在一切黨政無人負責，中央黨部應該決定計劃，交從政同志執行，方可樹立黨的威信。

9月28日　星期三

一、今日係孔子二千五百零六週年聖誕，總統府于上午十一時正開始典禮，我準時前往參加。蔣總統親臨主持，考試院副院長王雲五先生報告孔子學說中有關教育部門，作詳盡之闡述。

二、前湖南省主席何雪樵（鍵）患腦血管栓塞症。我于昨日午後往中心診所探視，已呈半昏迷狀態。醫師已盡各種方法救治，病況相當嚴重。

9月29日　星期四

黨史委員會主任委員羅家倫兄于本日午後六時半，在國父史蹟紀念館招待我等晚餐，並觀史料，很多是國父親筆文件。是夜月白風清，賞月暢談，賓主皆歡。

9月30日　星期五

今日中秋節，尤以內地來台的人，過節興趣一年不如一年，皆因生活一年比一年困難之故也，拜節亦較往年少。我到八十二歲同鄉老人許靜仁先生處拜節，又到老友于右任、陳光甫、李石曾諸兄處拜節。石曾近患感冒。

10月1日　星期六

午後五時至朱家驊兄家出席小組會議，由朱主席。討論黨員自清案，大家認為這是共匪作法，所謂自清就是共匪自白，也是不相信同志作風。最後決議將本日各同志談話，由幹事羅才榮同志整理後送中央。關于黨員自清案，很多同志不以為然，中央一定要辦。

10月2日　星期日

聯合國大會將阿爾及利亞列入議程，法國代表退出會場。關于阿爾及利亞獨立問問題，聯大指導委員會所提本屆大會不討論此一問題的建議，投票結果是廿八票對廿七票（五票棄權），贊成對指導委員會的建議加以拒絕。法國採取行動，法總理佛爾召回法代表團。法外長皮奈當即率領代表團退出聯大，他表示認為聯大對亞爾及利亞所提任何行動將屬無效，至此法代表即起立退出會場。查阿爾及利亞是法國領土之一部，屬于內政問題，似不在聯合國的範圍之內。

10月3日至6日　星期一至四

中國國民黨第七屆中央委員會第六次全體會議，自本月三日起在石牌實踐學社大禮堂舉行，歷時四天，已于六日下午宣告閉幕。其會議情形略記于後。

一、關于黨務的檢討

（1）當前共匪對台陰謀，是利用國際姑息主義者，分化我國與其他友好國家關係，尤其是中美關係，以達到孤立政府的目的。又假借民主自由進行顛覆活動，最近被治安機關破獲重匪諜主犯王冠民，曾經供認：「我們工作著重分化，一點點的包圍爭取。我們不提出共產的口號，而以爭取民主自由來代替。我們把反共的人都稱為特務，又將爭取民主自由與反特務連結起來。目的在造成反共就是國特，國特就是反民主自由觀念。另一方面則為鑽隙，製造磨擦，擴大紛爭，以便將每一個反共人士慢慢孤立起來，從內部瓦解反共集團。」王冠民並且說，他們利用沒有中心思想和祇顧私利、意氣用事的人為他們工作，稱之為廢物利用。更製造地方派系，挑撥本省與外省籍同胞感情。基于這種陰謀，今後共匪的滲透工作，必然更是無孔不入的力求發展，所以如何嚴密組織，結合民眾，嚴防共匪滲透，實為本黨工作最重要的課題。

（2）中央黨政關係，最近制定「中央黨政關係辦法」一種，將原有的「中央常務委員會黨政關係會議」，改組為「中央常務委員會政策委員會」，負責研討有關黨的政策及處理黨政關係事宜。同時為研討和處理與立法有關事項，使立委同志及各院部會從政主管同志，對黨的決策事先均有參與研討的機會，藉以樹立政黨政治的常軌，達到集中意志，貢獻同志能力，貫徹本黨政策的目的。

（3）地方黨政關係而言，頗不一致。有的認為黨政關係甚為協調，有的認為不協調，有的認為黨的領導仍嫌不夠積極，有的認為黨的領導已經對從政同志干涉過多。其實黨章規定：「本黨領導原則為以組織決定一切，以政策領導政治，以工作考核黨員」。今後如何改進上級領導的方式和方法，實為改進地方黨政關係的關鍵。而提高幹部素質亦應加以注意。

（4）地方選舉問題，有主張加強實施提名制度，並要嚴申黨紀；有主張作彈性運用，以適應黨的地方基礎；有主張廢止提名制度，因台籍黨員未盡了解黨的提名的重要；有主張制定政黨提名辦法，以離間民眾與本黨間的情感。以上項四種主張，都是利弊互見的，所以多數同志還是主張提名制度應當繼續實施。至于提名的方式與技術，則可因人、因事、因地而制宜。例如縣市長責重事繁，必須富有領導辦事能力及經驗才能盡職，但是黨在地方選舉中，尤當注意革命力量的培植。至于選舉不良風氣，尤應積極改善。

二、關于五院從政同志工作報告的檢討

其決議文很多很長，不擬詳記。茲將當前最重要財政、經濟問題的檢討酌錄于後。

（1）關于稅制改革者，邇來政府積極推行直接稅，在使國民依其負擔能力公平納稅，以消除貧富不均之現象。最近修正中之所得稅法，務于明年切實實行。關稅仍採保護政策，以維護國內產業之發展。整飭稽徵風紀，改善徵收技術，力求簡便確實，而又不致苛擾人民。

（2）關于外匯貿易者，外匯管理應鼓勵出口，促進生產，獎勵投資，吸引外資、僑資等政策，亟謀根本改善途徑。對外貿易在求國際收支平衡及刺激國內生產與投資，並應從速責成專一機構負責主持。國際貿易區域應力求擴展，尤其對僑胞眾多區域應儘力設法推展。出口事業之鼓勵應注意外匯政策之合理，並應便利其資金之週轉，輔導成本之減低及品質之改進。出口檢驗方面，更應力求公正便捷，就現有可用之外匯數量，確定其比率，增加工業原料器材之進口，減少消費品之輸入。

（3）關于經濟建設者，台灣經濟四年計劃現在第三年期將屆完畢，對于原定進度及生產目標，亟應檢討改進。經濟計劃之目標，除應注意對財務預算國際收支及產銷供需力求平衡外，並應顧及增加人民就業機會。

（4）關于美援運用者，美援工建計劃，應集中全力基本產業。運用美援應力謀減少彌補貿易入超差額之程度，以期增強國內資本之運用。

（5）關于金融政策者，確立金融政策，改善銀行體系，以控制通貨流通，調節信用，恢復中央體系之金融制度。使發行銀行專辦重貼現與轉抵押業務，移其普通銀行業務于專業銀行。並透過提存準備制度，控馭銀行業務之活動，負起領導金融之任務。

三、關于外交的檢討

俄帝和平攻勢之陰謀，不過製造一種氣氛，予人一種錯覺。俄帝、共匪內部經濟恐慌與政治鬥爭，迫使其目前採取和平攻勢，但同時亦迫使其對外侵略，故其侵略里程縱有緩速，決無改變。最近製造中東緊張局勢，及加強東南亞顛覆陰謀，我當自立自強，繼續奮鬥，堅決反對無論在聯合國內外與侵略者作任何談判，其涉及我中華民國國家利益之任何協議，一致無效。

四、總裁于十月三日全會開幕時候的訓話，大意如後。

確認反攻大業，要靠信念堅強，志氣的奮發。環境的動盪是常有的，過程的艱險是必然的，這些都不足為慮，惟有信念動搖、志氣消沉，才是革命大敵。然而這種表現「都是自私心理的作祟」，因為自私才要苟安，才求倚賴，而不能振作，不肯犧牲，心中喪失自主。祗要環境有任何波動，也就跟著徬徨，甚至自己恐嚇自己，這樣自卑感必須澈底掃除。即以現在軍力而論，決非六年前所可比擬，我們要做到「得道者多助」的古訓。可是我們從來不曾寄託我國反攻復國的事業在第三次世界大戰上面，我們祗是準備到時候流我們自己的血，來光復我們自己的國土。本黨同志應提高警覺，不惜一切犧牲，以達成反攻復國的使命云云。

總裁並另向大會有十條親筆指示。又于六日午後向大會分析國際形勢，認為敵人戰略，西歐取守、遠東取攻、中東滲透。俄國、西德建立外交關係，是美國外交失敗。捷克賣軍火與埃及，是新的變化。大會于六日午後六時閉幕，總裁于晚七時半，招待我們參加大會同志晚餐。

10月7日　星期五

【無記載】

10月8日　星期六

孫案調查委員會結束

八日下午五時孫案調查委員會舉行第九次會議，各委員簽署呈蔣總統調查報告書。該報告書于九月廿四日下午四時第七次會議，即決定報告書內容與計劃，並推王雲五、黃少谷、謝冠生諸君起草。又于十月五日上午十時舉行第八次會議，經各委員細閱，加以修改。故今日會各委員即在報告書上簽署後，調查委員會隨即結束（調查報告書另行記載）。查調查委員會自八月廿六日開第一次會，至十月八日結束，計四十二天，共開九次會議。

10月9日　星期日

上午十時偕陳江（東皋）律師到北投鎮中心里溫泉路一〇四號，回拜台灣名人許丙先生。許迭次請我吃飯，均經辭謝。本月五日託陳東阜親自送請貼，又託菲律濱僑領戴愧生先生面約，我又未能應約，故今日特往許府道謝。許氏在日治台灣時代任日本貴族院議員，是台灣人中很少有此名位者，現在又是台灣人中負有財名者。

10 月 10 日　星期一

雙十節國慶日

一、上午九時在總統府參加四十四年中樞慶祝國慶大禮。蔣總統親臨主持，領導行禮後，即宣讀告全國軍民同胞書。其結論中有，我們反攻勝利和復國成功事業，決不能略存僥倖觀念，也不可帶有依賴心理。我們軍事反攻的行動，只有三個：第一、是國軍首先單獨反攻，而後大陸同胞群起響應；第二、大陸同胞自動起義發難，而後國軍反攻，登陸接應；第三、是我們台灣國軍反攻，與大陸抗暴運動發展，彼此呼應，內外夾攻。深信必在這第三個方式反攻。

二、上午十時參加國慶閱兵大典。蔣總統親臨校閱三軍，訓勉全體將士枕戈待命反攻。受閱官兵精神飽滿，體格健壯，其裝備不旦精良，而且大大加強。此種快速之車輛部隊及大口徑火砲之重炮兵威力很大，但在作戰時，後方油彈之補給是一件最值得注意的事。典禮午十二時半完成。

三、今日農曆八月廿五日，是蔣老太太六十晉六生日。我于午後二時親往蔣宅為老太太祝壽，于午後四時偕惟仁老太太由桃園回台北（蔣宅于去年遷移桃園）。

10月11日　星期二

【無記載】

10月12日　星期三

上午十時參加中央委員會常務委員會第二二三次會議，總裁主席，討論六中全會的各種決議及總裁指示之實施。至十一時散會，這是我參加中央常會時間最短的一次。

10月13日　星期四

趙炎午（恆惕）先生來訪，擬整理大藏經，請蔣總統提唱，要我在上總統公函署名。炎午先生熱心可佩，遂即署名。

10月14日　星期五

目前政治上有幾種最不好的風氣，非常可怕，需要澈底改革，否則都要落空。茲說明如次。

一、依賴成風，大家指望美援，省靠中央補助，縣市靠省補助，鄉鎮靠縣補助。

二、消極的不負責任，分層負責未做到。

三、對既得權益絕不放鬆，希望官做得更大、愈久、愈穩，財發得更多、更大。

四、最高當局多說多做、少說少做、不說不做。

五、做起事來往往是反現狀的，容易出錯，錯即推諉。吃飯不做事，可以坐享其成。

六、貪汙的現象，普遍存在，技術高明。愈到地方，愈貪汙厲害。

七、施政對象是人民，得民心才能得民力，可是適得其反。

八、軍政之配合要軍略配合政略，在實施時政治才能配合軍事，可是現在多半軍事領導政治。

10月15日　星期六

午後五時至賈景德同志寓所出席小組會議，並在賈府晚餐。

10月16日　星期日

信義路寓所間壁鄰居、合肥同鄉龔理珂夫人蔡女士縵霞，自九月十七日夜間患重風症，情勢甚為嚴重，大有不起之勢。嗣移台灣療養院診治，病況日漸好轉，最近更有起色，擬于昨日午後搬回寓所。不料竟于此時突生變化，人事不知，于午後八時四十分忽然逝世。本日（十六日）上午特約張壽賢、曾伯雄等代為籌辦喪事，隨即將龔夫人遺體由病院移極樂殯儀館，決定十八日大殮。龔夫人享壽五十二歲，遺下三位公子。大子維寧已廿八歲，習土木工程，其他二位公子及一位女公子黛麗（十九歲）現均在高中、初中讀書。龔夫人係吾邑蔡小齋先生的姪女，于四歲時喪失父母，由小齋撫養。小齋先生是吾邑有名文人，龔夫人因受家庭高深教育，其淑德非一般女子可以比擬者。與吾人作鄰以來，感情非常融洽，對于庸、光兩兒亦非常愛護。

10月17日　星期一

一、上午十時，參加革命實踐研究院總理紀念週暨黨政軍幹部聯合作戰研究班第六期開學典禮。總裁親臨主持，並訓話，強調大陸撤退是依賴、失敗、投降心理所養成。

二、午後偕麗安到極樂殯儀館弔龔夫人，並瞻遺容，如同生前。

10月18日　星期二

龔夫人今日上午十時大殮，我偕麗安于上午九時前往致祭。其喪事由張壽賢諸君幫助，一切甚為圓滿，所謂好人有好果，真實不虛。

10月19日　星期三

一、今日中央常會停開。

二、我身體自入夏以來日漸好轉，現值秋冬之交，一遇氣候轉變，深感胃不舒適。今日上午請朱仰高醫師預為診治，據朱云心臟較從前好，惟體重未能復原。血壓高的九十八，低的五十五，治以補劑。

三、今日為紀念吳稚暉先生的稚暉大學校慶日，由大學董事會于午後四時在實踐堂舉行演講會，我前往參加。

10 月 20 日　星期四

蔣總統于本日午後七時在士林官邸招待孫案調查委員會委員及工作同人晚餐，我準時前往參加。總統說發表調查報告書，及同仁調查工作之辛勞。

10 月 21 日　星期五

孫立人將軍自請查處案，調查委員會徹查完竣。總統昨晚頒令，念其抗戰有功，毋庸議處，孫不知郭廷亮為匪諜尚屬事實，但對本案仍有應負之重大責任。孫案調查委員會于八月廿六日舉行第一次委員會議，至十月八日調查完峻，經即向總統呈送「孫立人將軍因匪諜郭廷亮事件自請查處案調查委員會報告書」。該項報告書經主任委員陳副總統，暨委員王院長寵惠、許資政世英、張秘書長羣、吳資政忠信、王副院長雲五、黃副院長少谷、俞部長大維等八人于八日下午舉行第九次會議共同簽署（另一委員何上將應欽因在日本治療目疾，故未簽署）。該報告計一萬六千餘字，共分六部份。

第一部份　引言

總統四十四年八月廿曰發布命令，孫立人引咎辭職，並請查處，應予照准。關于本案詳情，另組調查委員會秉公調查，報候核辦。並奉總統交下總統府參軍長孫立人將軍八月三日簽呈。本委員會為執行任務，曾採下列各項調查措施：

一、聽取國防部參謀總長關于本案之報告，並研閱國防部所送關于本案之全部案情文件。

二、分組調查詢問，由王委員雲五于九月十日直接對郭廷亮、王善從、田祥鴻三人進行詢問，由黃委員少谷于九月十日直接對江雲錦、陳良壎、劉凱三人進行詢問。其地點均在軍法局。

三、由全體調查委員于九月十九日下午四時詢問孫立人將軍，地點在陽明山第一賓館，並于是日上午請孫立人將軍閱覽全案資料。

第二部份　郭廷亮擔負之匪諜任務及其所利用之因素

一、郭廷亮與共匪發生關係之經過，及其所接受之匪諜任務。

二、郭廷亮與孫立人將軍之關係。

三、郭廷亮執行匪諜任務所利用之因素。

第三部份　孫立人將軍在軍隊中所發動之聯絡組織

一、孫立人將軍主持第四軍官訓練班之經過。

二、孫立人將軍在軍隊中，對第四軍官訓練班部份結業人員進行之聯絡組織及其發情形。

三、孫立人將軍在軍隊中，對第四軍官訓練班部份結業進行聯絡組織之用意。

第四部份　郭廷亮利用孫立人將軍之關係進行匪諜活動之經過

一、郭廷亮利用孫立人將軍所予聯絡第四軍官訓練班學生之任務，進行匪諜活動之部署。

二、郭廷亮陰謀在軍隊中造成之變亂及全案被破獲。

第五部份　結論

茲將結論及總統命令分別黏於後。

伍　結論

本委員會就上開事實詳加考慮後，一致獲得如下之結論：

（甲）事實部份

一、郭廷亮為匪諜，並利用其與孫立人將軍之關係執行匪諜任務，陰謀製造變亂，其本人業已承認不諱。

二、孫立人將軍對於郭廷亮信任甚深，不僅未覺察其為匪諜，且因孫將軍企圖利用郭廷亮在軍隊中建立個人力量，乃至墮入郭廷亮在匪諜活動之陰謀而不自覺。

（乙）責任部份

一、孫立人將軍在軍隊中，對第四軍官訓練班部份結業學生發動聯絡組織，其動機並不正常。雖據稱此非有形之組織，但詳查此項聯絡活動之發展過程，以及此事之迄未報告國防部，實不能諉為非一種以個人為中心的祕密性質之組織。又孫立人將軍在調任總統府參軍長後，對此項聯絡活動仍繼續進行，且更加積極，顯然企圖形成以其個人為中心之一種力量。雖據稱用心無他，然在行為上實有在軍中違法密結私黨或祕密結社集會之嫌，孫立人將軍對此應負其責任。

二、孫立人將軍就任總統府參軍長後，為加強上項聯絡組織，加派郭廷亮等更積極展開此項違法之祕密活動，賦予郭廷亮以主持此項活動之核心任務，並給予活動費用，實為郭廷亮利用以進行匪諜活動之重大因素。孫立人將軍雖然不知郭廷亮為匪諜，但有應覺察之機會，而偏信不疑，直至郭廷亮之被補，迄未作任何適當之防範。孫立人將軍對於匪諜之活動於其左右，至少應負失察之責任。

三、關於郭廷亮陰謀變亂之計劃，本委員會除郭等六人供辭證言之外，尚未發現出自孫立人將軍或其他方面有關其為此項變亂行動主謀的證據。但詳按本委員會查明之各點，孫立人將軍不容諉為對郭之陰謀毫不知情，孫立人將軍既未舉報，亦未採適當防止之措施。又孫立人將軍以總統府參軍長之重要地位，自承對舊部之不法言行，恆採徇情姑息之態度，尤為養成其親信人員行動乖常之因素。孫立人將軍此種對親信人員不法言行之知情不報，以及其平日之管束無方與訓導失當，實難辭釀成郭廷亮陰謀之咎，孫立人將軍對此應負其責任。

四、孫立人將軍於六月二日晚間劉凱英來見時，知其為在逃嫌疑犯，雖據稱曾勸其復回部隊，然既經劉凱英說明不敢回去，仍縱其脫逃，並資助其路費，實有徇情包庇之嫌。

五、本案關於郭廷亮、江雲錦、王善從、陳長壎、田祥鴻、劉凱英，歷次所個別供認而有關孫立人將軍之其他種種情節，以郭廷亮暨江雲錦等均未提供出自孫立人將軍或其他方面之證據，本委員會亦尚未發現其他直接證據，因均不予置論。

關於孫立人將軍應負之責任，本委員會已作如上之陳述。惟念孫立人將軍為總統多年培植之人才，且曾為抗戰建功。孫立人將軍在八月三日上總統簽呈中曾瀝陳愧悔自責之情，在九月十九日答復本委員會詢問時，亦痛切自承錯誤，一再闡述願負全責，且已引咎辭去總統府參軍長職務並奉政府令准免職。本委員會謹建議總統於執行法紀之中，兼寓寬宥愛護之意。以上所陳各項，是否有當，敬候總統鈞裁。

調查委員會主任委員：陳　誠

委員：王寵惠　許世英　張　羣　吳忠信　王雲五
　　　黃少谷　俞大維

中華民國四十四年十月八日

茲將總統命，及有關孫立人案被補人員總統特下手令從寬發落令黏於後。

總統令

前據總統府參軍長陸軍二級上將孫立人因匪諜郭廷亮引咎辭職並請查處，經予照准免職，並派陳誠、王寵惠、許世英、張羣、何應欽、吳忠信、王雲五、黃少谷、俞大維組織調查委員會，以陳誠為主任委員，秉公徹查，報候核辦各在案。茲據調查委員會主任委員陳誠、委員王寵惠等呈報徹查結果，一致認定該上將不知郭廷亮為匪諜，尚屬事實，但對本案有其應負之重大咎責。姑念該上將久歷戎行，抗戰有功，且於該案發覺之後，即能一再肫切陳述，自認咎責，深切痛悔。茲特准予自新，毋庸另行議處，由國防部隨時察考，以觀後效。此令。

本報訊

關於孫立人案之調查報告書及總統對孫免予議處准其自新之命令，業見昨報。總統復於昨（廿一）日頒發有關本案之手諭一件，茲錄如下：「查陸軍二級上將孫立人，因匪諜郭廷亮案引咎並請查處一案，據調查委員會呈報徹查結果，經准予自新，由國防部隨時察考，以觀後效，並明令公佈在案。所有因該案逮捕羈押人員，著即按其情罪分別偵訊處理，迅予結案。其中確屬無知盲從，情有可原者，應予從寬發落」。

調查委員會既告段落，我個人略有意見，書後。

一、調查委員會處境困難，其工作不僅仰體總統對孫將軍寬大處置精神來進行，而且在政治、外交、軍事、法律各方面都能顧及，誠為不易之事也。

二、在反共抗俄緊張階段之際，而有孫將軍案之發生，誠為國家一大不幸事，也是為親者痛仇者恨一件事。尤以郭廷亮一個匪諜嘍囉挑撥離間的陰謀，鬧得滿城風雨，國際注目，亦是一件可恨的事。

三、孫立人將軍的錯誤，最初在軍中聯絡第四軍官訓練班學生，竟演成小組織。嗣離開陸軍總司令職，調任總統府參軍長，應該本「不在其位，不謀其政」的古訓，停止活動。但仍繼續聯絡，甚至為奸匪所利用，這是孫將軍最大錯誤。孫將軍時常發牢騷，及說不滿現狀的話，為人家所誤解，以至報告孫氏居心莫測。就是退一步來說，孫將軍有口無心，其心無他，亦未免太天真了。孫將軍應該澈底檢討，澈底覺悟，國家將來還有起用之日。

四、中央未能早日承認第四軍官訓練班學級，引起學生之不平。這是本案的原始因素，乃為奸匪利用，真是萬分可惜。孫案拖延數月之久，中外莫名其妙，議論紛紛。假定在八月二十日准孫將軍辭職命令中加多幾句話，或可在兩月前結案。我認為組織調查委員會，未免多此一舉。

10月22日　星期六

上午到中山堂參觀姚夢谷兄國畫展覽。姚氏善長魚、蝦、水草，尤善長佛像，近年來山水等亦大有進步。

10月23日　星期日

【無記載】

10月24日　星期一

一、于右任先生以重陽日為民立報紀念，約我等上海民立報在台同人于中午十二時在貴陽街靜心聚餐。當時我任民立報經理。

二、到師範大學參觀林聖揚先生畫展。林氏原在師範大學任教員，嗣赴法國深造，日前回國，目前仍任原職。觀其作品，亦大有進步。

10月25日　星期二

庸叔在軍校受訓，頗有不能忍耐之勢。適高雄運輸司令張載宇兄來見，特託其帶一封親筆信與庸叔。原函如下。

庸兒覽：

必須養成吃苦耐勞的精神，毋畏難、毋苟安，俾得接受軍訓圓滿之結果。台北家中一切平安，勿念。關于十一月份用款四百元，已交張司令，分上、下月兩期交兒零用。蓋軍人一般生活困苦，人所共知，如兒等用款太多，是一種不體面的事，希勉之。

十月廿五日

10月26日　星期三

昨夜二時起至四時止，腹大瀉，稍有熱度。今晨請朱仰高醫生診治，據云係腸發炎，服藥後即可痊愈。

10月27日　星期四

昨天休息未起床，亦未進飲食，今日熱度全退。此次腹瀉係因飲食過度，消化不良的因素，今後應特別注意。

10 月 28 日　星期五

下午三時主持紀律委員會第卅九次會議，討論例案數件後，研究孫立人（中央委員）在軍中違法案有關黨紀部份。各委員發言很多，未得結論。擬與中央黨部張秘書長先行交換意見，各委員多主張採總裁寬大辦法。

10 月 29 日　星期六

吳稚暉先生逝世已經兩年了（十月卅日）。稚老是革命元勳，思想界的導師，淡泊寧靜的品格，平民的生活，其精神實在令人佩服。我與稚老私人感情尤非平常可以比擬者。

10 月 30 日　星期日

一、蔣總統係陰九月十五日生日（即陽曆十月卅一日），故今日係陰曆生日。余與洪蘭友兄上午九時到士林官邸簽名祝壽。
二、余井塘兄亦係陰曆九月十五日生日，我與蘭友前往慶祝，適余氏出外避壽。余氏現年六十歲，品學兼優，為黨中不可多得之人才。
三、章正綬兄女公子道蓀與詹世駿君舉行結婚典禮，請我證婚。時間係下午五時，地點中山堂，我並致賀辭。正綬兄係安徽來安縣國民大會代表。詹君係揚州人，現在空軍服務。

10 月 31 日　星期一

一、今日十月卅一日係蔣總統六十晉九華誕，各政府機關、各地人民舉行慶祝，熱烈空前。我於上午九時半到中央黨部簽名祝壽。

二、與光甫兄已很久未見面，今日特往北投陳宅晤談。暢論貨幣、外匯等財經問題。陳表示堅決反共抗俄。

11月1日　星期二

上午十時參加總統府十月份國父紀念月會。參謀總長報告海陸空三軍年來進步情形，並說軍隊教育以兵學、科學、哲學為教育方針。

11月2日　星期三

上午十時參加中央常務委員會第二二七次會議，研究中央黨政關係改進辦法與共匪農業合作化問題。又通過准尹仲容辭經濟部長，以江杓繼任經濟部長。至午後一時散會。

11月3日　星期四

一、陳伯蘭兄（濟棠）逝世週年紀念日，本日上午九時在貴陽街靜心兒童樂園舉行紀念會，我參加追弔。陳氏昨年十一月三日突患心臟病去世的。

二、香港影劇界回國祝壽勞軍團（約五十餘人）于本日下午三時在三軍球場勞軍表演，我偕伯雄前往參觀，有各種歌唱與京劇、廣東劇、越劇等等。

11月4日　星期五

老同志馬星樵兄（超俊）陰曆九二十日（即本日）七十華誕，在貴陽街靜心兒童樂園設禮堂，我于上午九時親往慶賀。馬氏感念時艱，所有禮物一概壁謝。本日前往慶祝約一千數百人，參加之來賓，各致禮份台幣二十元。馬氏係紀律委員會委員，因此本會特製備祝壽紀念冊，由本會各委員及工作同志全體簽名祝嘏。

11月5日 星期六

日本老友山田純三郎先生次公子山田順造日前來台，本日來見。據云伊父明年五月十八日八十歲誕辰，請我酌贈文字。我永照辦。

11月6日 星期日

軍校為出洋學生方便起見，特分批命學生先回台北檢查體格，以免美領館臨留難，因此庸叔于本日午後抵台北。據云體重增加三公斤，軍校一切課程及生活均已習慣。余聞之很歡喜。

11月7日 星期一

上午十時到大直陸軍指揮參謀學校禮堂參加總理紀念週，並舉行革命實踐研究院分院第十三期及婦訓班第四期結業典禮，總裁親臨主持，並訓話。

11月8日 星期二

吳氏宗親關係吳三連、吳火獅招待我晚餐，在座有宗親吳尊賢，以及楊兆嘉、黃朝琴、林伯壽、洪蘭友、俞國華等五位。吳氏與楊、黃、林三氏都是台灣實業家，亦即新興資家。地點在仁愛路二段卅一號彰化銀行招待所。

11月9日 星期三

一、上午十時參加中央常務會議，總裁主席。討論最近物價猛漲問題，發言者很多，歸究有關機關未能配合，與事先未能防範。最後總裁批評與指示有：

（1）物價上漲不是財政問題，是經濟問題，是經濟安定委員會未能盡責任與管理不良。

（2）以後物價不是管制，而是管理。

（3）美援經濟的棉花、黃豆、麥，要與美國商量，應該早日運來。

（4）棉紗、麥粉、豆油問題要解決。

（5）米糧節約，應該吃雜糧。

（6）遊資作祟問題，可以將大戶財產人登記（接著又說要研究）。

（7）美鈔黑市要解決。

（8）命經濟安定委員會于一星期內擬定辦法，于下次常會提出報告。

至十二時半散會。就我客觀的批評，物價上漲由來已久。在六年前發行新台幣時，每新台幣六元折合美金一元，今者黑市每新台幣四十元折合美金一元，其他一般物價之上漲可想而知了。我們有台灣豐富農產品，有很好水電，為何搞到如此地步，乃是人謀不臧之故也。回憶我在本年一月廿六日中央常務會議曾說過台灣是經濟問題，我今天可以再說一句，台灣經濟已走向危險道路。假定還要用大陸一套以政治力量取締囤積，甚至一切的一切都歸咎于奸商作祟等等辦法，當然會使漲風更趨猛蠢。這種取締補救必定無結果，還要鬧出問題來。這些不負責任財經當局，應該不再用他們罷了。一面交涉美援，一面招集財經專家，用他們每人智慧決定財經根本大策。否則在台灣財經如此糟糕，還談什麼反共抗俄。

二、徐道鄰兄晚六時招待余晚餐，在座有張其昀夫婦及道鄰妹夫李方桂夫婦，以及余紀忠、端木鑄秋。方桂夫婦係由美新近回來的。

三、庸叔今夜九時半車回鳳山軍校。

11月10日　星期四

現在政治、經濟都走下坡路，無公道、無是非、不負責任。如胡光麃、尹仲容案、孫立人案、孫元錦案都是鬧得滿城風雨，于政府威信大大損失。而黨員自清案，使一般黨員離心離德，惶惑不安，其實際效果如何，應妥慎考慮。

11月11日　星期五

關于庸叔讀書事

一、美國駐台灣大使館十一月九日宣佈：「明年一月一日以後抵美國之留學生，必須具有移民局接受證」。查該接受證內須註明已知該生曾念大學，並見其成績，決定編入某系某年級，因此庸叔雖已取得美國佛羅利達大學入學證，不能適用，必須改換移民局接受證。故今日（十一）上午親往北投訪陳光甫、沈維經兩兄，請其速託孫瑞麟兄就近向美校改換。但維經兄一向主張以台灣大學已經讀過三年學分送請美校編級，既可省錢，又可縮短學年。而庸叔主張改讀電機，俟到美國後再以台大農業工程三年學分與美校交涉，酌予承認農工系學分，準讀電機系二年級，這是庸叔如意打算。我則主張在台大讀完農業工程，明年暑假畢業後再出國。庸叔則願犧牲台大成績，以高中資格出國。至此我仍主張到美後仍讀農業，較易編級，並迭囑庸叔速向台大辦理已讀三年學分證明書，庸叔竟致之不理。現在既須改換入學證，為將來美領館挑眼計，維經兄仍主張將台大三年學分寄美校編系編級，較為妥當，這是對我們十分愛護。即由光叔向台大辦理學分證明書，始知庸叔學分許多不及格，學校當局已經宣佈吳庸叔勒令退學矣。這是我教子無方與莫大恥辱，使我對庸叔最大失望。事已如此，亦只有請台大發給不及格證明書。但明日（十二）國父誕辰，十三日星期，十五、十六台大校慶，都是放假日期。要辦成證明書，至少須一星期或十日。但教育部告庸叔須在十二月十五日向美領館登記簽證，如等待學分證明書，可能延誤時間，不得已祇有請美校仍以高中資格改換入學證。至將來美領館有否挑眼之處，亦只好看庸叔命運如何耳。維經兄即去函沈瑞麟兄及維經兄公子（現在該校讀書），一面光甫兄去親筆信與瑞麟兄催促。他們真正幫我們的忙，十分感謝，但我兒子庸叔不爭氣，有何說哉。

二、中國土地改革學會理事長蕭錚與常務理事湯惠生、陳勉修等，本日（十一）為慶祝首屆地政節，假新聞大樓舉行酒會，並展覽土地改革成果。我于午後四時前往慶賀。

11月12日　星期六

一、今日（十二）是國父孫中山先生九十週年紀念日，中樞于上午十時在總統府舉行紀念，我等文武高級官員及海外各地歸國華僑領袖均參加。蔣總統親臨主持，並致詞，大意是國父乃于六十年前開始建黨革命，當年所提出口號「恢復中華、建立民國」和「平均地權」、「民主自由」的三民主義為其畢生革命志職。國父九十誕辰時候，也就是國父逝世後卅年的今天，我們大陸同胞卻臨到這麼空前浩劫。對于今天紀念，惟有對國父遺像撫心自責，澈底懺悔云云。國父不僅推翻滿清，拯救了國家民族，並推翻我國四千多年君主專制，建立亞洲第一個民主共和國，開展亞洲民主政治新頁。國父是現代偉大政治家，也是偉大思想家，融匯中西思想精華，自成一個思想體系，拯救國家民族。

二、午後五時至王世杰兄家出席小組會議，由何雪竹兄主席。討論物價上漲，均認財經弄到如此地步，都是人謀不臧。

11月13日　星期日

何雪竹兄昨日向我說，監察院秘書長李士英辭職，茲有國民大會代表張導民君想繼任此職，託我向于右任院長推薦。我于今日上午往訪于院長，推薦張導民。據于答云，李秘書長士英未得院長同意，自由作主，竟由建築職員宿舍款內借與各委員十八萬元之多，故准其辭職，已由張秘書目寒代理。又說目寒在監院供職很久，擬即以目寒真除。我答曰很好，目寒很忠實。

11月14日　星期一

一、上午十時到陽明山實踐研究院參加總理紀念週。總裁主持，並訓話，關于立法院、監察院對于胡光麃、尹仲容案與孫立人案，認為兩院同志行動為不當，頗為憤慨。

二、晤新由芬蘭出席世界農業經濟學者會議歸來的李慶麐先生。據云料想不到中共匪幫亦有代表出席，並對我方大大的搗亂，幸而我（李）膽大運用，終能以中華民國代表出席。因為芬蘭與我方無國交，而能正式代表出席，是一件很不容易的事。李云在巴黎大使館看見申叔，他的身體很好。

三、中央黨部第二組主任鄭介民兄患心臟病，午後四時到中心診所慰問鄭氏。

11月15日　星期二

午後晤李石曾先生。他不贊成黨員自清辦法，並說這是共產黨辦法，他決定不自清，並擬函請總裁其他黨員亦不必自清云云。

11月16日　星期三

上午十時參加中央常務會議，總裁主席。討論縣市黨部委員選舉黨的提名辦法，這件事很複雜，很難辦到盡善盡美，此次辦法比較進步。不論辦什麼困難事，只要你能切切實實，公公道道，一切都可迎刃而解。

11月17日　星期四

此間天氣變化無常，起風或落雨，氣候必寒，若無風無雨有太陽，必大熱。在寒暑表可相差有十五度至廿度之多，稍為大意，必生疾病。

11月18日　星期五

一、李崇年兄本年陰曆十月初十日五十誕辰，特送衣料、花瓶，並由惟仁老太太親自送去，聊表心意。
二、國民大會代表全國聯誼會本日下午三時舉行茶會，招待國民大會第二次會議主席團。對于本年十二月廿五日年會籌備事宜，及同仁福利問題交換意見。我準時出席，聽聯誼會同仁報告。
三、下午五時參加裕台公司舉行第五屆第三次會議。

11月19日　星期六

一、本日為吳鐵城兄逝世二週年，在南昌路九十四號舉行紀念儀式，我于上午九時前往敬禮。
二、近月餘來用朱仰高醫師針劑，每隔一日以三種針藥水一次注射，現已注射十五次，深覺身體較為強健。今日再請朱醫復診，他說都有進步，而血壓尤為良好，往者只有一百，今者已高至一百十五。擬再用前方再注射十五次（每次三針，共四十五針）。

11月20日　星期日

一、今日陰曆十月初七日，係徐源泉（克誠）七十誕辰。我于九時親到徐宅慶賀，並就便回拜白健生、魯蕩平等。

二、上午十時前台南工學院院長王石安過訪，談他因桃色案離開教育界，是很冤枉的，託我幫助代謀工作。

三、十一時行政院秘書長陳慶瑜兄過訪，交換時局意見，認為財政、經濟是嚴重問題。

11月21日　星期一

政府認為物價上漲多係人為因素作祟，治安當局表示嚴格取締物品囤積居齊之行為（用軍警檢查）或其他違法交易情事。這是走大陸經濟失敗老路，我為台灣經濟前途大大悲觀。

11月22日　星期二

一、據沈維經兄電話，沈瑞麟兄由美國來電報云「庸叔獎學金延期已經辦妥，新入學許可證正由學校辦理中。」似此情形，當不致誤庸叔出國時期。

二、前安徽省主席劉鎮華（雪雅）日前病逝，今日開弔，我于上午前往殯儀館致祭。

11月23日　星期三

一、今日陰曆十月初十日，係李崇年兄五十歲生日。余晨往賀，他夫婦均去北投避壽。

二、申叔于本月十一日由巴黎來信說，他身體強壯，聞之甚慰。又說與台灣新生報社長謝然之見面。謝月底由美返國，託帶藍白手帕兩塊，為青天白日象徵。

三、居覺生逝世四週年忌日，在善導寺誦經，余偕壽賢兄于上午前往敬禮。

四、今日中央常務會議停開，改開總動員月會。

11月24日　星期四

中央為加強黨政各方面的聯繫，將原有的黨政會議取銷，改在中央常務委員會之下設立一個政策會議。本日午後四時在青島東路九號舉行首次會議，我應約出席。參加該項會議者，除黨中央各組主管外，包括從政黨員五院院長，以及中央民意代表的黨團主幹等。此會議可以經常討論有關決策的各項問題，甚願各同志建立互信、精誠團結，勿再蹈過去各種會議失敗之復轍（所謂民意代表的黨團主幹，就是國民黨籍的國民大會代表與立、監委員）。

11月25日　星期五

一、下午三時主持紀律委員會第四十次會議，討論例案數件，遂即散會。

二、今晨訪錢穆先生，他日前赴日本講學，返回台北，擬日間回香港。他在香港所辦新亞書院近年很有進步。

11月26日　星期六

一、李先良兄擬赴美國深造，經兩年接洽，未能實現。現在外交已發給赴美護照，但美方手續尚未辦妥。昨日來台北下榻余家，擬即與美領事交涉簽證。

二、唐代聖僧玄奘大師靈骨，昨日由我佛教會首席代表林頂立省議會副議長，與日本五位高僧倉持秀峯等，由日乘航機，于昨晨（廿五）七時飛抵台北。善男信女數千餘人到松山機場舉行盛大觀迎，暫奉安于台北市善導寺中。今日（廿六）上午十時在善導寺正式舉行移交大典，日內將靈骨奉移日月潭，建玄奘大師靈骨塔。我與壽賢兄于上午到善導寺向靈骨敬禮。玄奘靈骨發現之經過，係于民國卅一年十二月廿三日，日本佔領南京部隊做工事，突掘出石棺一具。經由其碑文證實為玄奘靈骨後，即由當時日駐華大使重光葵與汪偽政權外長褚民誼商定在玄武山興建五層塔供奉靈骨，並經商定分出一部份靈骨供奉于日本及北平。日本方面所分靈骨在奇至縣慈恩寺興建十三層塔供奉，因造安置靈骨之水晶壺過小，致有一部份剩出，故此次由日本將此部份靈骨交還自由中國供奉。

三、午後五時至賈公館出席小組會議，由閻錫山主席。討論辦理黨員自清，各人主張未能一致。因小組同志未能到齊，改下次會議請小組同志全體出席，再行討論。此次黨員自清，是本黨最失人心的事。

11月27日　星期日

中午十二時卅分，陳惠夫世姪請我午餐。因日本老友山田純三郎先生公子山田順造日前由日來台，故予招待，以表歡迎之意，並約戴安國、居浩然、周天爵諸世姪作陪。惠夫是英士先生公子，安國是季陶先生公子，浩然是覺生先生公子，天爵是淡游先生公子。諸公子都是我晚輩，他們的父親都是我的老朋友老同志，均已先後物故，而我獨存。諸公子學有專長，我的兒子尚未得力。

11月28日　星期一

申叔由法國來電，說他現在有病，須款醫治。我本日致函駐法代辦大使段孟蘭兄，託其往看申叔。如果要款，在五百美金以內代為墊付，遂即歸還。申叔近年來信，前言不對後語，自相矛盾，使人不知他意見何在，無從答復。這是心理不健全之表現，奈何。

11月29日　星期二

反對外蒙古入聯合國

我國外交上發生外蒙古進入聯合國嚴重問題。聯合國中以加拿大代表為首二十五個會員國，為打開多年未能解決新會國入盟僵局起見，于本月十六日向大會提出建議，請安理會同意准十八個新會國整批（集體）加入聯合國。所謂十八個新會員國，就是西班牙、義大利、日本、葡萄牙、希臘、奧地利等十三國非共國家，及共黨傀儡政權外蒙古、亞爾巴利亞、匈牙利、羅馬尼亞、保加尼亞等五國。查集體參加聯合國是違背聯合國憲章的基本精神。蓋自中蘇條約宣佈廢止後，外蒙當然仍為我國領土之一部份，當然更無資格入聯合國。因此我們不顧一切，運用各種方法，以阻止外蒙入會，到必要時，行使憲章所負予我們否決權。但美國對我施用壓力，希望與美取一致行動，否則有不良後果云。我國為自身利害計，已向美確切表示，將在安理會中否決俄國支持下的外蒙傀儡政權之加入聯合國的申請。我們為外蒙入會投否決票，同時阻止其他十七個國家不能整批入會，以及聯合國大多數會員國支持整批入會者，當然對我們不滿，甚至將使若干國家轉而同情共匪代替中華民得其席次。我們遇到這樣國際環境，只有團結內部，痛改前非，拿出革命苦幹精神，應付一切。

11 月 30 日　星期三

上午十時參加中央第二三五次常務會議。下午三時參觀台灣省第十屆美術展覽。

12月1日　星期四

上午十時，參加總統府十二月份國父紀念月會，外交部長報告最近國際形勢。

12月2日　星期五

一、上午十時到北投訪陳光甫兄，他山居甚為舒適。各方面都希望上海銀行復業，光甫以人才入境困難，而資金匯台尤為不易，所以遲遲不敢決定復業。
二、法國解散議會（此為七十八年第一次），享壽較長已九個月的佛爾內閣倒台。解散國會是因為議會投票反對提前大選，因此在一個月內舉行新議會大選（即新年之日）。法國政局日在動蕩之中，不但將法國國際地位削弱，亦且影響歐州反共。
三、年老無人幫忙，兒子未能得力，都要花錢。全家居台七年，生活日在困難之中，而返回大陸遙遙無期，在公在私，煩悶萬分。

12月3日　星期六

孫瑞麟先生復光甫先生電，庸叔獎學金延期，及美國移民局新頒發之入學許可證均已辦妥，即寄台北。光甫最近兩次電催瑞麟辦理此等證件，瑞麟能如此迅速完成，使我十分感激。關于庸叔出入境，及役男出境，與夫請外交部發給留學護照，種種麻煩手續、各種表格、各種證明文件、校對保人，經過許多機關，萬一稍有錯誤發生問題，即耽誤出國日期。現在已經伯雄多日辛苦奔走，一一辦理完成，並經伯雄將此等表格與文件送請教育部代為集體辦理。這都是關于本國內部份者。關于美國領事館簽證等等手續，及檢查身體，須庸叔親自辦理者。我們對庸叔已盡最大努力，要看庸叔能否振作求上進，庶不負光甫諸先生熱心之幫忙。庸叔舉動輕浮，見異思遷，畏難苟安，不知榮辱，不知物力維艱。其人無重心，正如無舵之舟，尤其是讀書不用功，被台大台勒令退學，是我最不滿意的。就是心地忠厚，不能補其短。

12 月 4 日　星期日

貴州同鄉會會于本日下午四時在愛國東路自由之家招待茶會，我被邀參加。係為貴州流亡難胞募救濟經費，由張道藩、谷正綱、張廷休、何縱炎、張定華、倪炯聲出名邀請者。

12 月 5 日　星期一

近來精神很好，但體重仍未能增加，此乃朱醫針劑之功效。

12 月 6 日　星期二

光甫兄陰曆十月廿六日七十晉五生日（即陽曆十一月九日星期五），余特送壽酒、罐頭等食物聊以將意。光甫擬即日赴台中避壽。

12 月 7 日　星期三

上午十時參加中央常務會議。中央常務委員、立法院長張道藩同志對于黨員自清案，認為很欠妥當。尤以兩種表格不同，遺人口實，一時感情衝動，痛哭退席。黨部張秘書長厲生同志與主辦第六組同志張炎元，引咎請常會議處。

12月8日　星期四

關于黨員自清運動

我認為此事：一、原則上未可厚非；二、技術殊欠妥當。因本黨鑒于大陸的失敗，所以五年前實行改造，嚴密組織，重整紀律，以期刷新政治，改良社會，為反共復國奠立基礎。自改造以後，對于黨員曾有過一次總檢查，目的在肅清匪諜。今者又來一次澈底調查，不能說沒有意義，但技術上很使一般同志不以為然與懷疑，是值得研究，有：

（一）自清一詞，違背儒家尊重人性和人權的傳統，對黨員自尊心有所損毀。

（二）自清兩字，表示自己不清，自己侮辱自己，自己不信任自己，對黨員自信心也有妨礙。

（三）避免自清，採取普遍社會調查，比較符合民主自由精神。但必須技術高明，使人民勿生誤會，樂于填寫者。

（四）表格項目繁多，有的根本無法填報，在設計的時候應該簡化，使人一目瞭然，拿筆就填。

（五）要黨員填祖宗三代，清查已死骨肉，認為不妥。

（六）黨員怕填自清表，又不敢不填。所謂怕填者，要填在大陸親屬關係及社會關係人。萬一此表為敵人所得，則在大陸親屬及社會關係人必被敵人一網打盡。萬一填有遺漏，為黨部查出，認為黨員不忠實，可能發生不良後果。所謂不敢不填者，中央命令不敢不服從，因此黨員敢怒不敢言，只得勉強照填。

以上所寫六點，乃是犖犖大者，其他可以批評之處很多、很多。此次黨的自清，不是黨的成功，乃是黨的損失。

我們老黨員處境較為困難，一般下級黨員譴責我們為什麼不向中央說話，而中央命令我們必須遵守，真是左右為難。我們的小組于十月一日討論此案，結論向中央建議有：「黨員自清運動，一般同志多有惶惑不安之表示。這種方法是否適合于本黨，而自清運動的實際效果又是如何，均值得研究。擬建議中央重作一妥慎考慮。」但中央未有反應。

12月9日　星期五

最近台北天氣比較往年雨水少，而太陽多，於我的身體很有益的。

12月10日　星期六

十八國入聯合國案，聯大政委會以五十二票對二票通過。五國棄權，中國與古巴投反對票，美、法、比、希及以色列等五國棄權。即提聯合國大會表決，亦如政治委員會表決。這是以重大壓力加諸安全理事會，促使安理會通過此項提案。

12 月 11 日　星期日

交通銀行董事長趙志垚、總經理趙葆全，午後六時半招待我與李石曾、李崇年、端木鑄秋等晚餐。此席本為陳光甫兄祝壽而設，但光甫到台中避壽，尚未歸來。

12 月 12 日　星期一

午後到中山堂參觀張穀年先生畫展。其作品與在三年前畫展比較，面目全非，其進步出人意表。他不但有新創作的精神，更有深于摹古工力。

12 月 13 日　星期二

一、上午九時半主持第四十一次紀律委員會議。紀律會的習慣是每月最後一個星期內的星期五開會，此次提前開會，係因劉博崑開除黨籍案。劉博崑五十歲，安東縣人，中央政治學校畢業，現任立法委員。於閱讀匪黨書籍時，妄事批註，抵毀總裁。又于民主評論第四卷第十期發表「十字街頭的立法院」一文，批評本黨及政府。經中央委員會第一組移送議處，當經本會予以警告處分。嗣奉批示（總裁）應即開除黨籍，所以此次提前開會，共商更改決定書。處理此案，見仁見智，各有不同。有人說私人讀書批註，若嚴予處罰，有失總裁歷次有關黨紀訓示寬大涵容之旨。又有人說，抵毀總裁，應從重處分。本會只有遵照總裁批示辦理。

二、孫瑞麟先生已從美國將庸叔新入學許可證，及獎學金延期證明書寄到。今後一關在美領館，須庸叔自己努力。

12 月 14 日　星期三

一、上午十時參加中央常務會議，總裁主席，討論六中全會總裁指示黨政關係部份實施意見。

二、黃委員報告，我在聯合國安全理事會否決外蒙古入會，我勝利之經過。大家很高興，詳情另記。

三、本日午後四時，日環食「食甚」時，溫度氣壓減低，光環透雲層流露食狀，雲層蔽長空失望而去。據云此等日食為百年一次，象徵與人類不祥之兆。

12 月 15 日　星期四

聯合國安全理事會昨日否決十八國入會，今日又通過十六國入會之經過

聯合國大會日前以五十二票對二票，通過向安理會建議十八個國家整批入會（十八國計為西班牙、約旦、愛爾蘭、葡萄牙、義大利、芬蘭、錫蘭、尼伯爾、利比亞、高棉、寮國、日本、奧地利等十三自由國家，及羅馬尼亞、外蒙古、保加利亞、匈牙利、亞爾巴尼亞等蘇俄五附庸國）。此案經安全理事會數日之激辯，終因整批入會之不合程序，另行修正。而我國則提新修正案，加入南韓、越南二國，這是我國最明智佔先之表現。迨舉行表決時，照章應先表決我國修正案所提南韓、越南，被蘇俄否決。其次亞爾巴尼亞通過，再其次外蒙古為我否決。繼之西班牙等十三國為蘇俄十三次否決。俄國總共一連用十五次否決權，輿論譁然。蘇俄在不得已提出翻雲覆雨案，將原來十八國之外蒙除外，反對日本，其他西班牙、羅馬尼亞十六國準其入會。于十五日安全理事會通過十六國入會，因之聯大會員國增至七十二國。自聯合國成立以來所使用否決權次數總共七十七次，俄國使用七十五次。今者中華民國對外蒙古使用一次，另一次是法國使用者。蓋此次蘇俄挾帶外蒙入會，係為中共開路入會陰謀。我雖在聯合國壓力之下，首先以程序問題佔得優先，更以堅定決心否決外蒙古入會。這是我外交最大勝利，足見我政府決策准確與堅定不變，尤其是我駐聯合國首席代表蔣廷黻博士諸君，技術高明，艱苦奮鬥之收獲。而維護聯合國憲章，更為國際之稱許。惟我來日國際大難尚多，我政府應預為準備，並提高警覺。外蒙古原為中國領土，雖有中蘇條約言明其獨立，但時過境遷，中蘇條約早經廢止，故其獨立遂之無效。再者，外蒙實未具獨立國家之條件，故我方必須用否決權否定其入聯合國。

12月16日　星期五

上午十時到北投訪陳光甫兄，為他補祝七十五歲誕辰。他擬在台中與日月潭兩地方辦兩個招待所，先準備投資美金十萬元。他因香港行務，擬于陰曆年終前往視察行務，仍擬請我作保，並代辦出入境證。光甫又說這兩個招待所投資外匯美金十萬元，是拿不回去的，將來還須增加美金五萬元。為什麼要辦招待所，是因為台灣服務，及一般人希望辦理此事者。

12 月 17 日　星期六

一、日前新生報社長謝然之先生由巴黎經美國返台，我于十四日午後與謝見面。據云申叔擬同旅法華僑觀光團回台一行，段大使觀海亦如此主張。正擬致函觀海與申叔，乃段大使于十二月十日來函，說以借五百美金與申叔。並云法國生活太貴，超過英美，長安居大不易，申叔應有長久打算。故于今日復段大使及致申叔函，主張申叔回國如以台灣派去留學生資格與華僑觀光團返國，不合情理。申叔借段大使美金五百元，即設法匯還。

二、下午五時出席小組會議，我主席。討論如何辦理自清工作案，各同志發言甚多。其結論，本小組對此案須再加考慮，又因填表時間已過，等候中央有無新的結果。本小組組長王世杰同志任期已滿，應行改選，一致選舉賈景德同志為小組長。

12 月 18 日　星期日

一、庸叔今日清晨由鳳山回台北，辦理美館出國第一期手續。

二、晤朱一民兄，他託我為他老部下范誦堯向當局說話。

12 月 19 日　星期一

庸叔今日午後到美國領事館考試外文，業經通過。美領面告只要準備款項（除一年獎學金外，應帶美國各種用款），即可簽證。大家非常歡喜。庸叔本晚夜車回鳳山，月底結束訓練，即返台北。明年一月中旬，當可起程赴美。

12月20日　星期二

本日與沈維經兄商量庸叔赴美交通。乘船可節損旅費，但學校限二月一日報到，恐時間未及。如一月初有中國招商局輪或復興公司，又能買到船票，自以乘船為宜，否則只有乘飛機。辦理留學出國手續非常複雜，所有家長都感頭痛，尤其必須具備有：一、學生身體好；二、功課好；三、有財力；四、有人幫助。

12月21日　星期三

一、上午十時參加中央委員會常務會議第二四零六次會議。

二、今日係齊如山先生八十大壽，我于上午九時前往慶賀。齊先生曾用畢生精力從事中國戲劇藝術最有成就的學者，在文學和史學方面亦有深刻造詣。他生活嚴謹，一生不喝酒、不吸煙、不賭錢，其長壽秘訣，無慾自寬。

12月22日　星期四

中國習慣重視冬至節，有「冬至一陽生」，又有「冬至大過年」。于人身體之轉變亦在此時，與老人及病人影響更大。

12月23日　星期五

一、上午九時出席光復大陸設計研究委員會，計出席委員一千八百餘人，並由主任委員陳副總統親自主持開幕式，蔣總統派張秘書長到大會宣讀訓詞。午後二時半再出席第二次會議。

二、中午十二時約光甫、陳益及沈維經夫婦在粵菜館便飯。陳益係從前上海申報名記者陳冷旭之公子，係現任我國駐日大使董顯光的女婿，留學美國。光甫現請陳益任上海銀行董事，料理中國旅行社事。

12月24日 星期六

今日上、下午出席設計研究委員會，該會並于午後閉幕。設計研究委員會構成，係以全體國民大會代表，以及原來行政院（二百餘人）設計委員合併構成者，以副總統為主任委員。此次開會用費將四百萬元，值此財政如此困難，未免過分。明日係周彥龍五十生日，我因明日須出席國民大會聯誼會，特于今日午後五時前往慶賀。他是農曆十一月十二日巳時出生。他性情和平，忠實可靠，有為有守，學術優長，我得他幫助地方太多了。

12月25日 星期日

國民大會代表舉行年會（我任開幕禮主席）

國民大會代表聯誼會于本日上午九時在中山堂舉行民國四十四年度年會，蔣總統曾蒞會致詞，陳副總統及五院院長俞鴻鈞、張道藩、于右任、王寵惠、莫德惠等皆應邀到會觀禮。在台國大代表一千五百餘人，均參加此一年一度的盛會。推舉我為年會開幕禮主席，我領導行禮後致詞。其中比較重要者，約有四點：

一、今天是中華民國制定憲法的光榮紀念日，我們最初選定這個日子做每年年會的會期，是要以往事回憶，來激厲我們對選民、對憲法所賦予我們的責任感。使大家懍於本聯誼會之使命，不僅聯友誼之誼，也要聯正誼之誼，而將我們群策群力的成果貢獻給國家民族，以期有所裨補于反共抗俄的大業，其意義是十分重大的。

二、我說明過去一年間，自由中國在我們一致推選與愛戴的英明領袖蔣總統領導之下，所有政府一切措施、社會建設、人民生活，都在艱苦努力中益見進步與安定。尤其是軍事的佈署、外交的發展，更已奠定反攻勝利之基礎。中華民國駐聯合國代表最近在聯合國正氣磅礴地否決外蒙入會，此一明智的決策與勇敢的行動，充分表現出我中華民國的立國精神。

三、我並指出，朱毛匪幫竊據下的大陸，現正江河日下，漸趨崩潰。我說：「匪偽政權行將崩潰的主要原因，是由他們過去幾年來的暴政，已使民心喪失淨盡，而在共匪不斷的壓搾和剝削之下，更使民不聊生，普遍地激起一股群眾的反抗情緒。」

四、我結論說，今天本會過後，民國四十五年即將隨新運以俱來，當此反共戰爭愈接近勝利之際，國家所遭遇困難亦必然愈多。希望國民大會代表同仁本著過去一貫精神，協助政府，同履艱鉅，共同完成反共復國大業。

蔣總統于年會舉行開幕式後，在全場代表熱烈掌聲中蒞臨會場，並即席致詞。總統對全體代表年來對國家的貢獻至表讚佩，並希望此一全國最高民意機構代表，作全國各級民意機構表率，共同為反攻大陸、解救同胞的復國大業而奮鬥，以盡為民代表職責。全場代表曾一再鼓掌致敬。

今日（廿五）中午安徽國民大會代表舉行聚餐會，計到六十餘人，有自台中、台南趕來者。我在皖代表中年齡最者，我在餐會中簡單致詞。國民大會于今晚（廿五）在中山堂舉行晚會，有歌舞、有預劇、有平劇，我偕麗安前往參觀。回憶昨年今日參加國民大會晚會，散會後乘汽車回家，在途中與蕭家汽車相撞，麗安脫落一牙，當時非常危險。

12 月 26 日　星期一

昨日係耶蘇聖誕節，又是星期，故今日各機關補行放假一日，我亦在家休息一日。

12 月 27 日　星期二

今晚七時美國空軍第十三特遣隊，特請美國空軍一九九五五年度康樂競賽優勝者所組成之一九九五五年藍天劇團蒞台勞軍表演。我偕麗安往三軍球場參觀該劇團各種表演，甚為精彩。

12月28日　星期三

一、今日中央常務會議停開，改開總動員月會。

二、今日天氣溫和，上午到北投訪光甫兄夫婦。

三、午後教育部長張其昀先生過訪，他對我很尊重，尤其關心我的生活。他自昨年任教育長以來，積極推動有幾件令人滿意事：（1）學術獎金；（2）文學獎金；（3）設立研究所；（4）建立碩士博士制度；（5）開放出國留學生；（6）准設私立學校。在行政院各部會中，除教育部工作有成績外，要算軍事的進步，最使人失望要算是財政與經濟。在大陸失敗原因固多，而財經是失敗重要因素，今後台灣財經若無挽救辦法，必至奔潰而後已。

12月29日　星期四

一、各方面來賀年片四百餘封，我採有來片者則回復。雖有伯雄、志獻代我繕發賀片，但必須我親自閱來片。尤其有許多來片無通信地址，須調查清楚，因此我覺很麻煩。去年有二百餘，今年乃至四百餘封。

二、回拜新由美國回來、前北平清華大學校長梅貽琦先生，暢論國際形勢。彼此認為民主國家已澈底認識共產黨，能以認識才不致吃虧。

12月30日　星期五

上午至朱仰高醫師處請檢查血壓等等。朱云一般情形較前大有進步，血壓高至一百二十，在今年春祇有九十，在兩月前已至一百零。他主張仍用過去針劑，每一星期打兩次，但強胃藥水每日仍照常服用。

12 月 31 日　星期六

庸叔在鳳山軍校受四個月軍訓，圓滿結業，今晨回來。體重增加三公斤，就我經驗可以增長壽命五年。待美領事簽證，即可赴美。

一年來公私之回憶

甲、在公的方面

一、我們自由中國有兩件極大事件出現，而金門、馬祖防務因此加強。其一是大陳島被迫撤退的失敗，另一則是我國在安全理事會使用否決權，反對外蒙古入聯合國的成功。

二、就我國財政經濟方面說，物價上漲，通貨膨脹，這是最值得顧慮的。

乙、在私的方面說

一、在春間（二月初旬）我生病，幾乎危險，因年老復原很慢。惟仁老太太身體較去年好。

二、申叔既到烏拉圭，應該居住較長時間，安心調養身體，乃竟于本年五月離烏，飛美國轉飛巴黎，弄到進退兩難，使我失望，很為他煩神。

三、庸叔考取赴美留學，亦已軍訓結業，現正辦理各種出國手續，赴美大體已無問題。

四、光叔本年高中畢業（強恕中學），考取台灣大學地質系，擬明年暑期應留美考試。

茲將陶希聖兄對于世局結算一文，附黏于後。

世局的結算　陶希聖

一年的年終是每一工商業乃至每一家庭對於一年的收支作結算的日子。我們對於世界局勢，到了年終，也無妨作一結算。中華民國四十四年即西元一九五五年世界局勢的結算，有一個奇特的特色，就是「日內瓦精神」和俄帝製造「日內瓦精神」的和平攻勢，恰好是在今年年終結算的時候結算了。

今年這一年來，俄帝的損益，是很容易結算的。我把他賬簿上的大項目摘下來如下：

（一）俄帝的利得：

（1）奧地利與南斯拉夫的中立化。

（2）法國政局的動搖。

（3）埃及成為俄帝在中東與非洲的基地。

（4）印度、緬甸的附庸化。

（5）日本社會黨的統一。

（二）俄帝的損失：

（1）德國中立化之失敗。

（2）伊朗加入土伊同盟，孤立土耳其的企圖之失敗。

（3）越南吳廷琰政府的穩固。

（4）泰國的立場之穩定。

（5）金門、馬祖局勢之穩定，中華民國否決外蒙入聯合國之成功。

（6）日本保守黨之統一。

俄帝最大的損失是日內瓦四國會議的無結果及「日內瓦精神」的幻滅。而其最大的利得是埃及基地的建立與印度的附庸化。這兩件事值得我略為說明。

俄帝對埃及軍事經濟的滲透和宣傳的控制，是在發展之中。侵略者以埃及為基地，北向的企圖是破壞土耳其、伊拉克和伊朗的同盟，並且製造阿拉伯集團與以色列之間的糾爭。南向的企圖是滲透伊索匹克（即阿比西尼亞）。西向的企圖是製造阿爾及利亞與摩洛哥的變亂。俄帝從此可以遮斷地中海與中非，並破壞民主集體在北非的基地。

俄帝對自由世界的鬥爭，太平洋的焦點是臺灣海峽與越南；大西洋的焦點在西德；歐、亞、非三洲的焦點在埃及。埃及與以色列的紛爭，將成為侵略集團與民主集團的全面鬥爭集中的戰場。

印度的附庸化，無論是對於亞洲，或是對於歐美，都是一大變局。莫斯科對印度的爭奪戰，使用的手段是這樣的。第一、使中共匪幫對印度一方面以武力相威脅，一方面又用「和平五原則」來誘引。第二、利用克什米爾問題，挑撥巴基斯坦與印度的鬥爭。第三、使印度共產黨一方面支持尼赫魯，一方面滲透國大黨。第四、利用梅農對抗尼赫魯。莫斯科使用這各種手段，向印度進攻。我們特別注意梅農的活動。梅農對莫斯科及北平販賣錫蘭、販賣緬甸、販賣金馬、販賣英美的政治情報與外交路線。但是梅農真正販賣給莫斯科的貨色，還是他的印度。印度向莫斯科投靠，畢竟是自取滅亡。

俄帝由埃及向北非迂迴，對於歐洲還有一種影響，就是動搖法國的政局。去年日內瓦會議，馬林可夫利用越南戰事操縱法國。今年布加寧又利用北非的變亂操縱法國。法國年初的大選，結果如何尚不可知。

俄帝從印度向兩面進攻。他一方面從印度與阿富汗夾擊巴基斯坦，一方面從印度向東南亞前進。

但是俄帝向中東、北非、和南亞的進取，又發生了兩種反作用。一種是從日內瓦妥協氣氛中喚醒了那以英國為首的西歐，同時當然刺激了美國。這是日內瓦四國會議所以沒有結果的主要原因。一種是取消了中共匪幫的「和平共處」的口號與「和平五原則」的影響。明白一點說，莫斯科的中東計劃，把他自己交給中共匪幫的遠東計劃抵消了。

我可以說：俄帝的利得被損失抵消了。侵略集團與民主集團兩方面都不能不在四國會議留下來的白紙上，重新設計他們自己的圖案。且看明天開始的一年，世界局勢向那裡走。

回憶我們抗日勝利以後，本黨即主張和平與民主。所謂和平民主，政客羼雜大批共匪滲透本黨，瓦解本黨，乃至大陸失敗。現在共匪又以中立主義滲透本黨，其方法用黨外中立主義到本黨內，就成為瓦解本黨主義。民國卅五年至卅八年的解黨主義，我們必須警覺，如有發生跡象，我們必須澈底整肅痛擊，決不蹈大陸失敗覆轍。

民國日記 78

吳忠信日記（1955）

The Diaries of Wu Chung-hsin, 1955

原　　著　吳忠信
主　　編　王文隆
總 編 輯　陳新林、呂芳上
執行編輯　李佳若
封面設計　陳新林
排　　版　溫心忻、施宜伶

出　　版　開源書局出版有限公司
香港金鐘夏慤道 18 號海富中心
1 座 26 樓 06 室
TEL：+852-35860995

民國歷史文化學社有限公司
10646 台北市大安區羅斯福路三段
37 號 7 樓之 1
TEL：+886-2-2369-6912
FAX：+886-2-2369-6990

http://www.rchcs.com.tw

初版一刷　2021 年 8 月 31 日
定　　價　新台幣 350 元
港　幣　95 元
美　元　13 元
I S B N　978-626-7036-13-6
印　　刷　長達印刷有限公司
台北市西園路二段 50 巷 4 弄 21 號
TEL：+886-2-2304-0488

國家圖書館出版品預行編目 (CIP) 資料
吳忠信日記 (1955) = The diaries of Wu Chung-hsin,1955/ 吳忠信原著；王文隆主編 . -- 初版 . -- 臺北市：民國歷史文化學社有限公司 , 2021.08

面；　公分 . -- (民國日記；78)

ISBN 978-626-7036-13-6　(平裝)

1. 吳忠信　2. 傳記

782.887　　110013464